Comment prier

DAG HEWARD-MILLS

Parchment House

Titre original : *How to Pray*
Publié pour la première fois en 2013 par Parchment House
Version française publiée pour la première fois en 2013
par Parchment House

7ième impression en 2018

Traduit par : Professional Translations, Inc.

Pour savoir plus sur Dag Heward-Mills
Campagne Jésus qui guérit
Écrivez à : evangelist@daghewardmills.org
Site web : www.daghewardmills.org
Facebook : Dag Heward-Mills
Twitter : @DagHewardMills

ISBN : 978-9988-8552-4-6

Table des matières

1. Si vous êtes trop occupé pour prier, alors vous
    êtes trop occupé 1

2. Pourquoi la prière est mystérieuse 14

3. Que se passe-t-il quand vous ne priez pas 27

4. Comment parler à un personnage très important 39

5. Comment prier en langues peut vous aider 52

6. Les trois plus grands sujets de prière 60

7. Comment prier avec toutes sortes de prières 83

8. Dieu exauce-t-Il toutes nos prières ? 90

9. Douze étapes pour une prière exaucée à cent
    pour cent 92

CHAPITRE 1

Si vous êtes trop occupé pour prier, alors vous êtes trop occupé

Lorsque Daniel sut que le décret était écrit, il se retira dans sa maison, où les fenêtres de la chambre supérieure étaient ouvertes dans la direction de Jérusalem ; et trois fois le jour il se mettait à genoux, il priait, et il louait son Dieu, comme il le faisait auparavant.

Daniel 6,10

Celui qui est trop occupé pour prier est trop occupé. Qui que vous soyez, vous ne pouvez pas vous permettre de devenir trop occupé pour prier. Vous remarquerez dans le passage scripturaire ci-dessus que Daniel priait trois fois par jour. Une expression importante utilisée dans ce verset est « comme il le faisait auparavant ». Cela veut dire que Daniel avait régulièrement dit ces prières. Daniel ne priait pas seulement parce qu'il était en difficulté ; il avait l'habitude de prier.

Souvent, quand les gens deviennent prospères, ils arrêtent d'aller aux réunions de prière et finissent par rétrograder. Pas Daniel ! Il était Premier Ministre de son pays, second dans la hiérarchie juste après le roi. C'était un homme qui avait réussi, qui était passé de l'esclavage aux hautes fonctions de Premier ministre. C'était l'un des hommes les plus respectés et les plus craints de la nation. C'était un grand homme politique de l'époque. Il était fonctionnaire. Pourtant, il priait trois fois par jour, *tous les jours* !

Quels furent les principes qui poussèrent Daniel à avoir un temps de prière si inhabituel et régulier ? Les voici ; lisez-les, et qu'ils deviennent vos principes. Vous aussi pouvez avoir le succès de Daniel. Je veux que vous lisiez, étudiez et analysiez les principes suivants qui, je le crois, ont guidé Daniel dans sa vie.

Principe no 1 : La prière est très importante

Quelqu'un a dit un jour qu'il est plus important de savoir prier que d'avoir un diplôme universitaire. Il y a beaucoup de choses importantes dans cette vie. Une bonne éducation est importante. L'argent est important. Un bon mariage est important. Mais *une bonne vie de prière est le plus important !*

Que cela pénètre votre esprit — *dans tout ce que vous obtenez, obtenez la prière !* Dans toutes vos activités, faites de la place pour la prière !

Principe no 2 : Personne n'a trop d'occupations, de bénédictions ou trop de succès pour prier

Vous pouvez avoir un style de vie occupé et être une personne très importante, mais je ne pense pas que vous êtes plus occupé que Daniel. Daniel était Premier Ministre, chef de la nation. Beaucoup de gens pensent que les chefs d'État et les ministres du gouvernement ont une vie détendue et agréable, et qu'ils voyagent en avion dans le monde entier. Ce n'est pas vrai ! Je suis moi-même à la tête d'une grande organisation, et je sais que les gens haut placés n'ont pas une vie facile. Plus vous montez, plus vous avez de responsabilité.

Il y a tellement de travail impliqué pour rester à la fine pointe de la vie et du ministère. Saviez-vous que les cadres à succès comme Daniel sont tellement stressés qu'ils sont sujets à des maladies comme les ulcères d'estomac et les crises cardiaques ? Ces conditions sont plus fréquentes avec des gens très occupés en raison du travail acharné qu'ils font.

Daniel était une telle personne. Il était Premier Ministre, mais il pensait qu'il n'était pas trop occupé pour prier trois fois par jour. **Si vous pensez que vous êtes trop occupé pour prier, alors vous vous trompez.** Si vous ne priez pas, c'est parce que vous ne voulez pas prier. C'est parce que vous ne pensez pas que la prière soit importante maintenant !

Daniel avait du succès, et pourtant il priait. Pourquoi était-il capable de prier trois fois par jour ?

Les gens sont passés de la pauvreté à la prospérité. Quand ils étaient pauvres, ils avaient beaucoup de temps pour assister à des réunions de prière. Mais quand ils sont devenus prospères, ils ont pensé que tout allait bien. Non ! Tout ne va pas bien ! Votre prospérité n'est pas le signal pour arrêter de prier.

Principe no 3 : La prière est la source de votre puissance et de votre protection

Vous devez vous rendre compte que c'est la prière qui libère la puissance de Dieu pour nous. Jésus connaissait la puissance de la prière. C'est pourquoi il passa de longues heures en prière. Vous êtes peut-être un homme d'affaires prospère, et vous ne pensez pas avoir besoin de ce « truc » spirituel. Vous êtes peut-être politicien, et vous pensez que votre protection doit venir de pouvoirs fétiches ou occultes.

Laissez-moi vous dire tout de suite, qu'il y a de la puissance dans la prière. Nous n'avons pas besoin d'autre puissance quand nous avons le pouvoir de la prière. Nous sommes protégés quand nous prions. La dernière partie de l'armure de Dieu est la prière (Éphésiens 6,18). En d'autres termes, la prière est une partie importante de votre défense spirituelle.

Beaucoup de gens commencent à avoir peur quand ils prospèrent. Job fut rempli de crainte quand il prospéra. Il finit par dire : « ce que je craignais beaucoup m'est arrivé ». De telles personnes pensent que quelqu'un peut utiliser des pouvoirs surnaturels pour essayer de les tuer. Vous n'avez rien à craindre si vous êtes une personne de prière comme Daniel. Beaucoup de gens voulaient tuer Daniel. Ces gens n'ont pas seulement pensé à tuer Daniel, ils ont véritablement essayé de l'éliminer. Par la puissance de la prière, Daniel fut protégé contre les lions.

Je vois tous les lions dans votre vie s'éloigner de vous et se disperser de peur ! Je vois monter la puissance de votre prière ! Je vois que vous allez de l'avant en raison d'une vie de prière retrouvée !

...Jésus fut aussi baptisé ; et, pendant qu'il priait, le ciel s'ouvrit.

Luc 3,21

Je vois les cieux s'ouvrir au-dessus de votre vie ! Ne l'oubliez jamais ! Les cieux se sont ouverts quand Jésus priait. Des bénédictions à la fois physiques et spirituelles pleuvent sur vous quand vous êtes une personne de prière.

Principe no 4 : La prière est importante pour acquérir et garder les bénédictions de Dieu

Avez-vous quelque chose dont vous êtes fier ? Avez-vous réalisé quelque chose dans cette vie ? Laissez-moi vous dire que c'est par la grâce de Dieu. Par la puissance de la prière, vous réaliserez encore de plus grandes choses. C'est par la prière que vous garderez ce que Dieu a mis entre vos mains.

Il y a des gens qui ont reçu des milliers de dollars en cadeaux. Aujourd'hui, cet argent s'est évaporé. Dieu peut vous donner quelque chose, mais Sa grâce est également nécessaire pour maintenir cette bénédiction.

Êtes-vous le pasteur d'un grand ministère ? Laissez-moi vous dire que la prière est nécessaire pour vous garder dans le ministère. Pourquoi pensez-vous que Jésus se soit constamment rendu à l'écart pour prier ?

Il y a une loi de détérioration à l'œuvre dans le monde. Tout se décompose. Votre entreprise se décompose. Votre église se décompose. Votre vie même se décompose. La puissance de Dieu est nécessaire, par la prière, pour garder tout ce que Dieu vous a donné.

Principe no 5 : Pour être efficace, la prière doit être habituelle

Un homme du nom de Dostoïevski a dit : « La seconde moitié de la vie d'un homme est faite des habitudes qu'il a acquises dans la première moitié ».

Pascal a dit : « La force des vertus d'un homme est faite de ses actes habituels ».

Si vous voulez être quelqu'un d'éminent dans cette vie, vous avez besoin d'avoir de bonnes habitudes. Une action devient une habitude quand elle est répétée de nombreuses fois, consciemment parfois, inconsciemment d'autres fois. Elle devient votre coutume !

Les habitudes peuvent être bonnes ou mauvaises. Rappelez-vous que les bonnes habitudes se répètent aussi facilement que les mauvaises. Une bonne habitude conduira régulièrement à des percées, même sans que vous le vouliez. Les mauvaises habitudes conduiront aussi régulièrement à l'échec. Si vous décidez de développer une habitude de prière, vous développez une habitude de succès. Jésus se rendit à l'église le jour du sabbat parce que c'était son habitude. La Bible nous dit que Jésus avait des coutumes ou des habitudes.

...selon sa coutume [habitude], il entra dans la synagogue le jour du sabbat...

Luc 4,16

Daniel avait la coutume de prier trois fois par jour.

...trois fois le jour il [Daniel] se mettait à genoux, il priait...

Daniel 6,10

La vie dans le monde séculier n'est pas conçue pour inclure un temps de prière. Le travail commence tôt le matin et se poursuit tard dans la nuit. Des semaines peuvent s'écouler avant que vous pensiez même à la prière. Pour beaucoup de gens, c'est seulement une situation impossible qui leur rappelle la nécessité de la prière. Mon cher ami, il est important que vous incluiez la prière dans votre vie.

Dieu n'est pas une roue de secours ! Une roue de secours est quelque chose dont on ne se sert jamais, sauf en cas d'urgence. Dieu n'est pas fou. Ce qu'un homme sème, c'est ce qu'il récoltera. Si vous avez régulièrement du temps pour Dieu, Il aura régulièrement le temps de vous bénir. Seule la miséricorde de Dieu Le fait écouter certaines de nos prières.

Développez votre vie de prière jusqu'à ce qu'elle devienne spontanée. Développez votre vie de prière jusqu'à ce que vous priiez habituellement sans même penser à ce que vous faites.

J'ai pris le temps de prier

Quand j'étais étudiant en médecine, j'étais très occupé avec mon cursus. Il n'y avait pas de temps du tout pour prier. Mais parce que j'avais fait de la prière une partie de ma vie chrétienne, je ne pouvais en aucun cas m'en passer ! Je devais l'inclure dans mon emploi du temps, d'une façon ou d'une autre. Je décidai de prier tard dans la nuit. J'avais souvent tellement sommeil que je devais marcher juste pour rester éveillé. La prière était si importante pour moi que je ne pouvais pas la tenir en dehors de ma vie.

Une nuit, alors que je me dirigeais vers ma chambre après un de ces temps de prière, je m'endormis en fait tout en marchant ! Ce n'est que lorsque j'entrai dans l'immeuble du département d'espagnol de l'université que je sortis de mon sommeil ! Je crois que Dieu a vu mon ardent désir de continuer à prier en dépit d'un calendrier d'école de médecine impossible.

Principe no 6 : La prière doit continuer à la fois dans les temps de difficulté et les temps de paix

Pourquoi attendons-nous des difficultés avant de prier ? Considèreriez-vous quelqu'un comme un vrai ami s'il ne vous appelait que quand il serait dans le pétrin ? En temps de paix, il n'avait pas de temps pour vous. Dieu cherche quelqu'un qui restera en communion avec Lui dans les bons et les mauvais temps.

Plus je prêche, plus je deviens bon à la prédication. Plus vous priez, plus vous deviendrez bon à la prière. En temps de crise, vous vous lèverez à l'occasion et offrirez de puissantes prières qui apportent des résultats.

Principe no 7 : Chaque nation a besoin de beaucoup de prière et de dirigeants qui prient

Il n'y a aucun doute que le monde est gouverné par des esprits méchants hauts placés. La terre est remplie de gens qui sont en guerre les uns contre les autres. La famine, la guerre, les épidémies et les catastrophes abondent ! Vous n'avez qu'à regarder les nouvelles internationales, et vous entendrez parler d'un autre désastre majeur.

Des dictateurs de toutes sortes abondent dans de nombreux pays. Comme les serpents qui muent, de nombreux dictateurs des années passées ont un nouveau « look démocratique ».

De nombreux dirigeants nationaux sont en fait sous l'influence de mauvais esprits, et ceci leur fait faire ce qu'ils font. Ils s'accrochent au pouvoir au lieu de permettre honorablement à d'autres d'avoir une chance de diriger. Comme des vampires, ils boivent le sang de la richesse de la nation et l'empilent dans des lieux secrets.

Des dirigeants politiques comme Hitler conduisent des nations entières vers la prospérité initiale, et finalement vers la destruction. Je me souviendrai toujours comment les choses ont changé en Afrique du Sud après que le président De Klerk ait remplacé le président Botha. Un nouveau dirigeant conduit à la libération de Nelson Mandela et à la fin de l'apartheid. Il est important que nous priions pour ces leaders, afin que notre nation prospère. La bonne personne à la tête des affaires fera une grande différence pour notre nation. Je crois que la présence d'une personne de prière comme Daniel fit une grande différence pour cette nation.

Principe no 8 : Il est important de prier pendant de longues périodes

Il y a des années, les seules prières que je connaissais étaient celles que les prêtres nous lisaient à l'église. Le temps le plus long que je pouvais prier était de trente à quarante secondes et c'est quand je récitais le Notre Père. Je connaissais trois prières : le Notre Père, le Je vous salue Marie et une Prière à l'Ange de Dieu ! Cependant, en grandissant dans le Seigneur, j'appris à prier par moi-même. Je peux maintenant prier pendant plusieurs heures à la fois.

Je me souviendrai toujours de la première fois où je priai pendant trois heures. J'étais étudiant à l'école d'Achimota (Prince of Wales College). J'étais au milieu d'une crise et j'avais besoin de l'intervention du Seigneur. Je me souviens également de la première fois où je priai pendant sept heures. J'étais en sixième à la même école d'Achimota. Je priai de dix heures du matin à dix-sept heures. J'aime prier pendant de longues heures.

Prier pendant trente minutes est presque comme ne pas prier pour moi. Ne me méprenez pas : je ne dis pas que Dieu n'écoute pas les prières courtes. Je dis que j'ai développé l'art de prier pendant de longues heures comme Jésus. Jésus a prié pendant trois heures au jardin de Gethsémani.

Puis, ayant fait quelques pas en avant, il se jeta sur sa face, et pria... Et il vint vers les disciples, qu'il trouva endormis, et il dit à Pierre : VOUS N'AVEZ DONC PU VEILLER UNE HEURE AVEC MOI ! Il s'éloigna une seconde fois, et pria... Il revint, et les trouva encore endormis ; car leurs yeux étaient appesantis. Il les quitta, et, s'éloignant, il pria pour la troisième fois, répétant les mêmes paroles.

Matthieu 26,39-40,42-44

Dans ce passage, Jésus était surpris que les disciples ne puissent pas prier pendant une heure.

Et il vint vers les disciples, qu'il trouva endormis, et il dit à Pierre : Vous n'avez donc pu veiller une heure avec moi !

Matthieu 26,40

Jésus pria toute la nuit avant de choisir Ses disciples.

En ce temps-là, Jésus se rendit sur la montagne pour prier, et il passa toute la nuit à prier Dieu. Quand le jour parut, il appela ses disciples, et il en choisit douze, auxquels il donna le nom d'apôtres.

Luc 6,12-13

Prier longtemps n'est peut-être pas une explicite instruction dans la Bible, mais elle est implicite dans toute la Parole. Dans les chapitres suivants, je vais vous enseigner sur quoi prier quand vous décidez de prier pendant de longues heures.

Principe no 9 : Il est important d'entrer dans votre chambre pour une prière efficace

Beaucoup de chrétiens ne peuvent prier qu'en groupe. Ils ne peuvent pas rester tout seul dans une pièce et prier pendant une heure. C'est un grand handicap. **Il y a une différence entre prier seul et prier en groupe.** Les deux types de prière sont importants. Si vous pouvez prier tout seul pendant trois heures, alors vous pouvez prier en groupe pendant six heures. C'est plus facile de prier en groupe. À chaque fois que vous développez votre capacité à prier seul, vous développez votre capacité pour de grandes réalisations dans la prière.

Principe no 10 : Tous doivent développer leur capacité et leurs formules pour prier quatre fois par jour

Il y a quatre moments importants pour prier : le matin, l'après-midi, le soir et en tout temps.

Jésus priait le matin !

Vers le matin, pendant qu'il faisait encore très sombre, il se leva, et sortit pour aller dans un lieu désert, où il pria.

Marc 1,35

Qu'est-ce qui est si important dans la prière du matin ? La prière du matin est très bonne, parce que vous rencontrez Dieu avant de rencontrer le diable. Vous rencontrez Dieu avant de rencontrer les circonstances de la vie. Dieu vous oint pour surmonter toutes les montagnes que vous rencontrerez dans votre vie.

La prière de l'après-midi est la prière au milieu des activités.

Quand il l'eut renvoyée, il s'en alla sur la montagne, pour prier.

Marc 6,46

Quand vous priez l'après-midi, cela veut dire que dans la chaleur du jour et le feu de la bataille, vous reconnaissez Dieu comme la force la plus importante de votre vie. Dieu vous bénira pour la prière de l'après-midi. Je vous vois prier l'après-midi !

Vous pouvez prendre un peu de temps libre pendant votre pause déjeuner et prier. Cette prière vous fera plus de bien qu'une assiette de riz !

Il est aussi important de prier le soir. Quand la Bible dit : « veillez et priez », cela ne veut pas dire gardez les yeux ouverts quand vous priez. Cela veut dire en fait : restez éveillé et priez.

En ce temps-là, Jésus se rendit sur la montagne pour prier, et il passa toute la nuit à prier Dieu.

Luc 6,12

Il y a quelque chose de spécial dans la prière de nuit qui est différent de la prière du jour. C'est une expérience très différente. J'ai entendu dire que les sorcières sont très actives vers 2 heures du matin. Peut-être que quand vous priez la nuit, vous vous attaquez aux forces des ténèbres d'une manière différente. Après tout, on les appelle les forces des ténèbres (nuit).

Le quatrième moment important pour prier est « en tout temps ».

Priez sans cesse.

1 Thessaloniciens 5,17

La prière est destinée à être un flot sans fin de communication avec votre Père céleste. Il nous a donné le baptême de Le Saint Esprit et le don de parler en langues. Je prie tout le temps. Ma femme me dit que je prie parfois en dormant !

Priez sans cesse.

1 Thessaloniciens 5,17

Vous pouvez prier dans le bus et en route vers votre travail. Vous pouvez prier à mi-voix quand vous êtes au bureau. Vous pouvez prier quand vous êtes sous la douche. Dieu est heureux quand Ses enfants sont constamment en contact avec Lui.

J'ai un ami dont la femme l'appelle sur son téléphone mobile au moins sept fois par jour. J'ai assisté à des réunions avec lui où il a reçu pas moins de quatre appels de sa femme. Rien d'important, elle voulait tout simplement rester en contact ! Je pense que c'est une bonne chose. Elle téléphone sans cesse !

Vous pouvez aussi prier sans cesse ! Je vous vois prier le matin et le soir ! Dieu change votre vie grâce à votre vie de prière nouvellement trouvé ! Votre mariage, vos affaires et votre ministère ne seront plus jamais les mêmes quand vous aurez fini de lire ce livre !

Quand vous décidez de prier pendant de longues heures comme Daniel, vous découvrirez que vous aurez besoin d'avoir un modèle ou une formule de prière. Vous avez besoin de quelque chose qui vous guide dans votre vie de prière. Dans les chapitres suivants, nous allons étudier les formules de prière.

Les principes de prière de Daniel

■ Prier est très important.

■ Personne n'a trop d'occupations, de bénédictions ou de succès pour prier.

■ La prière est la source de votre puissance et de votre protection.

■ La prière est importante pour acquérir et garder les bénédictions de Dieu.

■ Pour être efficace, la prière doit être habituelle.

■ La prière doit continuer à la fois dans les temps de difficulté et les temps de paix.

■ Chaque nation a besoin de beaucoup de prière et de dirigeants qui prient.

■ Il est important de prier pendant de longues périodes.

■ Il est important d'entrer dans votre chambre pour une prière efficace.

■ Tous doivent développer leur capacité et leurs formules pour prier quatre fois par jour.

CHAPITRE 2

Pourquoi la prière est mystérieuse

Mais qu'aux jours de la voix du septième ange, quand il sonnerait de la trompette, LE MYSTÈRE DE DIEU s'accomplirait, comme il l'a annoncé à ses serviteurs, les prophètes.

Apocalypse 10,7

La prière est mystérieuse parce que Dieu est mystérieux ! Dieu est mystérieux et vous ne pouvez rien y faire ! Si vous pensez que vous connaissez tout ce qui concerne Dieu, alors vous devez réfléchir à nouveau ! Dieu n'est pas un homme et on ne peut pas tout savoir à Son sujet. Le passage d'Ecriture ci-dessus nous dit que Dieu est un mystère. Le mystère de Dieu sera terminé aux jours de la voix du septième ange. En attendant, nous devons naviguer dans nos vies à travers les mystères de Dieu.

C'est précisément à cause des mystères qui entourent Dieu que beaucoup de gens ne prient pas. Ces mystères ne devraient pas nous empêcher de prier, mais plutôt nous rapprocher à la recherche de réponses. Quels sont alors les mystères de la prière ?

1. Mystérieusement, il semble que Dieu soit limité ou restreint à ne faire que ce que nous demandons. Il semble que Dieu ne veule pas agir, à moins que nous priions.

Alors Dieu apparut en songe à Abimélec pendant la nuit, et lui dit : Voici, *tu vas* mourir à cause de la femme que tu as enlevée, car elle a un mari.

Abimélec, qui ne s'était point approché d'elle, répondit : Seigneur, ferais-tu périr même une nation juste ?

Ne m'a-t-il pas dit : C'est ma sœur ? et elle-même n'a-t-elle pas dit : C'est mon frère ? J'ai agi avec un cœur pur et avec des mains innocentes.

DIEU LUI DIT EN SONGE : Je sais que tu as agi avec un cœur pur ; aussi t'ai-je empêché de pécher contre moi. C'est pourquoi je n'ai pas permis que tu la touchasses.

Maintenant, rends la femme de cet homme ; car il est prophète, IL PRIERA POUR TOI, ET TU VIVRAS. Mais, si tu ne la rends pas, sache que tu mourras, toi et tout ce qui t'appartient.

Genèse 20,3-7

Tout au long de la Bible, vous voyez Dieu intervenir quand on Lui demande d'intervenir. On voit même Dieu demander aux êtres humains de Lui demander d'intervenir. Dans la célèbre histoire d'Abimélec et d'Abraham, Abimélec a eu des ennuis sérieux pour avoir pris la femme d'Abraham comme l'une de ses concubines. Dieu apparut à Abimélec dans une vision et lui demanda de dire à Abraham de Le prier pour qu'Abimélec ne soit pas maudit.

Dieu parlait directement à Abimélec, et pourtant Il dit à Abimélec *de dire à Abraham de Lui demander.* Est-ce que Dieu n'aurait pas pu tout simplement régler la question, puisqu'Il parlait directement avec Abimélec ?

Il semble que Dieu voulait ou avait besoin qu'Abraham Lui demande avant de faire quoi que ce soit !

Il semble que Dieu ne voulait rien faire, à moins qu'Abraham ne le Lui demande ! Il semblait que Dieu était limité ou restreint à ne faire que ce qu'Abraham demandait !

Il semblait que Dieu ne voulait pas agir, à moins d'Abraham ne le Lui ait demandé !

Dieu semble être limité par notre vie de prière. C'est vraiment mystérieux. Comment le créateur du Ciel et de la terre est-Il limité par mes prières ? Cela me pousse et m'encourage à entrer dans ma chambre et à commencer à prier. Si Dieu est limité par mes prières, alors je dois passer beaucoup de temps à prier et Lui demander des choses.

2. **Mystérieusement, même si Dieu sait tout, Il veut quand même nous poser des questions sur ce qu'Il sait déjà.**

Pourquoi donc devrions-nous dire à Dieu tout ce qu'Il sait déjà ?

Si je savais déjà qu'une bombe avait été trouvée au fond du lac, pourquoi voudrais-je que quelqu'un passe encore trente minutes à me parler de la bombe au fond du lac ?

Cela n'a pas de sens que quelqu'un doive écouter des choses qu'il sait déjà.

Mais, mystérieusement, il semble que même si Dieu sait tout, Il veut quand même que vous veniez à Lui et Lui parliez de ce qu'Il sait déjà. N'est-ce pas incroyable ?

Ne leur ressemblez pas ; car VOTRE PÈRE SAIT DE QUOI VOUS AVEZ BESOIN, AVANT QUE VOUS LE LUI DEMANDIEZ.

Matthieu 6,8

Nous savons aussi que Dieu est un bon dirigeant et le meilleur père de nous tous. Contrairement à certains gouvernements à qui on doit rappeler les problèmes de leurs citoyens, Dieu n'a pas besoin qu'on Lui rappelle nos problèmes. On doit provoquer et rappeler au souvenir de nombreux gouvernements par des grèves et des actions syndicales. Mais Dieu n'a pas besoin d'une telle incitation, parce qu'Il se souvient de tout et sait tout.

La grande question est : pourquoi Dieu veut-Il qu'on Lui demande et on Lui rappelle constamment des choses dont Il sait que nous avons besoin ? Est-ce que ces vieilles questions dont Il sait tout ne L'ennuient pas ?

Mais Il semble vouloir que nous allions sans cesse Lui présenter les choses qu'Il connaît déjà. Quel mystère !

3. Mystérieusement, Dieu semble vouloir que nous continuions à Lui poser les mêmes choses, même si nous le Lui avons déjà demandé.

Priez sans cesse.

1 Thessaloniciens 5,17

Si Dieu n'était pas au courant de nos problèmes le premier jour, Il doit connaître nos problèmes et nos besoins le troisième jour de notre prière. S'Il connaît tout si bien, pourquoi nous demande-t-Il de revenir sans cesse à Lui ? Est-ce qu'on ne peut pas simplement demander une fois ?

Pourquoi devrions-nous prier sans cesse ? Pourquoi Jésus nous raconte-t-Il l'histoire du juge injuste qui dut constamment recevoir des rappels jusqu'à ce qu'il agisse ? Dieu est-Il comme le juge injuste qui ne sait pas, qui ne se soucie pas ni ne se souvient ?

Si Dieu a un caractère différent, pourquoi devons-nous toujours revenir à Lui avec les mêmes problèmes ? Ne peut-Il pas simplement répondre à nos prières après que nous ayons fait une demande ?

4. Mystérieusement, il semble que Dieu veuille que nous continuions à demander, mais aussi que nous trouvions des prières répétitives et ennuyeuses.

Alors quelles prières devrions-nous continuer à dire sans cesse et lesquelles sont répétitives et ennuyeuses pour Dieu ? C'est aussi un mystère. Ce n'est pas facile de résoudre ou de répondre à ces questions.

Mais ces mystères ne doivent pas nous éloigner de la prière. Nous devons continuer à prier Dieu et Il répondra à nos prières. Nous acquerrons de l'expérience en marchant avec Lui et nous apprendrons quoi dire et quand le dire.

En priant, ne multipliez pas de vaines paroles, comme les païens, qui s'imaginent qu'à force de paroles ils seront exaucés. Ne leur ressemblez pas ; car votre Père sait de quoi vous avez besoin, avant que vous le lui demandiez.

Matthieu 6,7-8

5. Mystérieusement, il semble que certaines prières doivent être très longues, tandis que d'autres prières peuvent être très brèves.

Tout au long du ministère de Jésus, nous voyons ce mystérieux mélange de prières très brèves et de prières très longues. Alors quand devrions-nous dire une longue prière et quand devrions-nous dire une prière brève ?

Se pourrait-il qu'il y ait un temps pour dire une prière longue et nous faisons l'erreur de dire de brèves prières ? Se pourrait-il que nous commettions de terribles erreurs dans les types de prières que nous disons ?

Serait-ce le temps d'une prière très brève, et que nous irritions Dieu avec de longues demandes répétées ?

Le mélange de Jésus entre les prières longues et brèves est l'un des mystères de la prière. Parfois, Il priait pendant une longue période et à d'autres moments, Il priait pendant un bref laps de temps. Je ne pense pas que nous ayons des réponses à tous ces mystères, mais nous devons quand même persister dans la prière.

Remarquez certaines prières brèves et longues de Jésus. De façon intéressante, Il dit de brèves prières à des moments très critiques de son ministère. De façon étonnante, les prières brèves conduisirent à certains des miracles les plus fantastiques de tous les temps.

Les longues prières au désert

Alors Jésus fut emmené par l'Esprit dans le désert, pour être tenté par le diable. Après avoir jeûné quarante jours et quarante nuits, il eut faim.

Matthieu 4,1-2

Les longues prières à l'aube

Vers le matin, PENDANT QU'IL FAISAIT ENCORE TRÈS SOMBRE, il se leva, et sortit pour aller dans un lieu désert, OÙ IL PRIA.

Marc 1,35

Les longues prières dans la montagne
pour choisir les disciples

En ce temps-là, Jésus se rendit sur la montagne pour prier, et il passa toute la nuit à prier Dieu. Quand le jour parut, il appela ses disciples, et il en choisit douze, auxquels il donna le nom d'apôtres.

Luc 6,12-13

Les longues prières dans le jardin de Gethsémani

Et il vint vers les disciples, qu'il trouva endormis, et il dit à Pierre : VOUS N'AVEZ DONC PU VEILLER UNE HEURE AVEC MOI ! Veillez et priez, afin que vous ne tombiez pas dans la tentation ; l'esprit est bien disposé, mais la chair est faible. Il s'éloigna une seconde fois, et PRIA ainsi : Mon Père, s'il n'est pas possible que cette coupe s'éloigne sans que je la boive, que ta volonté soit faite !

Matthieu 26,40-42

Les longues prières pour l'unité

Après avoir ainsi parlé, Jésus leva les yeux au ciel, et dit : Père, l'heure est venue ! Glorifie ton Fils, afin que ton Fils te glorifie.

Jean 17,1

Les prières brèves pour ressusciter les morts

Ils ôtèrent donc la pierre. Et JÉSUS LEVA LES YEUX EN HAUT, ET DIT : PÈRE, JE TE RENDS GRÂCES DE CE QUE TU M'AS EXAUCÉ. Pour moi, je savais que tu m'exauces toujours ; mais j'ai parlé à cause de la foule qui m'entoure, afin qu'ils croient que c'est toi qui m'as envoyé. AYANT DIT CELA, IL CRIA d'une voix forte : Lazare, sors !

Jean 11,41-43

Les prières brèves pour les malades

Puis Jésus dit au centenier : Va, qu'il te soit fait selon ta foi. Et à l'heure même le serviteur fut guéri.

Matthieu 8,13

Les prières brèves pour le pardon des péchés du monde

Jésus dit : Père, pardonne-leur, car ils ne savent ce qu'ils font. Ils se partagèrent ses vêtements, en tirant au sort.

Luc 23,34

6. Mystérieusement, il semble que nous puissions raisonner et négocier avec Dieu.

Le prophète Ésaïe appelle les êtres humains à raisonner avec Dieu. Puisque Dieu est si grand, comment quelqu'un d'aussi petit et insignifiant que vous et moi pourrait-il Lui parler, négocier ou même raisonner avec Lui ? Mais il semble que nous pouvons aussi négocier avec Lui comme l'a fait Abraham.

VENEZ ET PLAIDONS ! dit l'Éternel. Si vos péchés sont comme le cramoisi, ils deviendront blancs comme la neige ; s'ils sont rouges comme la pourpre, ils deviendront comme la laine.

Ésaïe 1,18

PLAIDEZ VOTRE CAUSE, dit l'Éternel ; PRODUISEZ VOS MOYENS DE DÉFENSE, dit le roi de Jacob.

Ésaïe 41,21

La célèbre négociation d'Abraham

Abraham est connu pour une célèbre prière dans laquelle il négocia pour la vie des habitants de toute une ville. Il discuta avec le Seigneur et raisonna avec Lui sur les raisons pour lesquelles Il ne devrait pas détruire la ville de Sodome et Gomorrhe. Ce sont les célèbres négociations et raisonnement d'Abraham avec Dieu qui sauvèrent presque Sodome et Gomorrhe. Même si Dieu était d'accord avec tous les termes d'Abraham, ils furent incapables de trouver dix justes.

Peut-être y a-t-il cinquante justes au milieu de la ville : les feras-tu périr aussi, et ne pardonneras-tu pas à la ville à

21

cause des cinquante justes qui sont au milieu d'elle ?

Faire mourir le juste avec le méchant, en sorte qu'il en soit du juste comme du méchant, loin de toi cette manière d'agir ! Loin de toi ! Celui qui juge toute la terre n'exercera-t-il pas la justice ?

Et l'Éternel dit : Si je trouve dans Sodome cinquante justes au milieu de la ville, je pardonnerai à toute la ville, à cause d'eux.

Abraham reprit, et dit : Voici, j'ai osé parler au Seigneur, moi qui ne suis que poudre et cendre.

Peut-être des cinquante justes en manquera-t-il cinq : pour cinq, détruiras-tu toute la ville ? Et l'Éternel dit : Je ne la détruirai point, si j'y trouve quarante-cinq justes.

Abraham continua de lui parler, et dit : Peut-être s'y trouvera-t-il quarante justes. Et l'Éternel dit : Je ne ferai rien, à cause de ces quarante.

Abraham dit : Que le Seigneur ne s'irrite point, et je parlerai. Peut-être s'y trouvera-t-il trente justes. Et l'Éternel dit : Je ne ferai rien, si j'y trouve trente justes.

Abraham dit : Voici, j'ai osé parler au Seigneur. Peut-être s'y trouvera-t-il vingt justes. Et l'Éternel dit : Je ne la détruirai point, à cause de ces vingt.

Abraham dit : Que le Seigneur ne s'irrite point, et je ne parlerai plus que cette fois. Peut-être s'y trouvera-t-il dix justes. Et l'Éternel dit : Je ne la détruirai point, à cause de ces dix justes.

Genèse 18,24-32

Un asteur négocie

Je me souviens du témoignage d'un homme qui travaillait sur un chantier et qui tomba de haut dans une certaine machine. On le transporta à l'hôpital et il resta dans le coma pendant quelques jours. On appela son pasteur et il pria pour lui à l'hôpital. Quelques mois plus tard, cet homme sortit de l'hôpital et donna un témoignage à l'église.

Il décrivit comment il mourut au cours de l'expérience à l'hôpital et alla au Ciel. C'était tellement beau qu'il ne voulait pas revenir sur terre. Il décrivit vivement les scènes du Ciel à la congrégation enthousiaste. À un moment donné, il rencontra le Seigneur Jésus et Lui dit combien il était heureux d'être au Ciel.

Mais Jésus lui dit : « Je suis désolé, mais tu dois retourner sur terre ! »

« Non, non, non » , s'écria-t-il. « Je ne retournerai jamais sur terre. Je suis tellement heureux d'être ici ».

Mais Jésus insista : « Je suis désolé, mais tu dois retourner sur terre. Ton pasteur ne te permet pas de rester au Ciel ».

« Comment est-ce que mon pasteur peut ne pas me permettre de rester au Ciel » , cria-t-il. « Je ne retournerai jamais sur terre. J'y suis, j'y reste ». Jésus se retourna et lui montra une sorte de rideau, qu'il tira de côté. L'homme entendit soudain la voix de son pasteur qui priait à l'hôpital. Son pasteur disait : « Je ne vais pas le laisser mourir. Seigneur, je refuse de le laisser mourir. Il a une famille et il doit être sur la terre ».

L'homme était surpris et il se rendit compte que les prières et négociations de son pasteur étaient puissamment efficaces au Ciel.

Tout le monde fut émerveillé par le témoignage de l'homme. Tout le monde se rendit compte à quel point les prières étaient réelles et puissantes.

Ne soyez pas perplexe par ce grand mystère que l'homme peut négocier avec Dieu. Dieu nous a dit de venir et de raisonner avec Lui. Je sais que cela parait fantastique que vous puissiez réellement discuter avec Dieu et Lui expliquer pourquoi vous voulez un ami, un mari, une femme ou un enfant. Vous pouvez expliquer à Dieu pourquoi vous voulez que votre église croisse ou que votre entreprise augmente. Il est temps de prier et de négocier avec votre Père céleste pour ce dont vous avez besoin.

7. Mystérieusement, il semble que même si les prophètes soient des hommes aux passions, pensées et sentiments honteux, Dieu semble prêter attention à leurs prières.

Élie était UN HOMME DE LA MÊME NATURE que nous : il pria avec instance pour qu'il ne plût point, et il ne tomba point de pluie sur la terre pendant trois ans et six mois.

Jacques 5,17

Confessez donc vos péchés les uns aux autres, et priez les uns pour les autres, afin que vous soyez guéris. La prière fervente du juste a une grande efficace.

Jacques 5,16

Élie fut un homme qui souffrit des mêmes passions humaines déchaînées que vous. Chacun d'entre nous reconnaitra que nos passions humaines sont vraiment honteuses et embarrassantes. Et pourtant, Dieu répond aux prières de ceux qui ont ces sentiments. Désormais, ne soyez pas troublé par vos sentiments ! Vous êtes juste comme Élie, un homme aux passions semblables. Vous êtes un être humain et Dieu écoute les prières de frêles êtres humains comme vous. Mystérieusement, Dieu est ouvert à vos prières, malgré les passions et sentiments honteux que vous éprouvez. N'est-ce pas une bonne nouvelle ?

8. Mystérieusement, il semble que Dieu réponde immédiatement aux prières.

Contrairement aux bureaux gouvernementaux mal gérés qui ne répondent peut-être pas rapidement à nos besoins, Dieu écoute nos prières et y répond immédiatement. D'une certaine manière, on sent que Dieu prend vraiment Son temps pour répondre aux prières. C'est comme s'Il s'attardait pour les choses dont nous avons besoin. On a le sentiment qu'Il peut faire ou ne pas faire ce que nous voulons vraiment. Cependant, différents récits de la Bible montrent que Dieu répond en fait immédiatement à la prière. Notez les réponses immédiates qu'Ézéchias et Daniel reçurent à leurs prières.

a. La réponse immédiate à Ézéchias

Ézéchias pria pour la miséricorde et une longue vie. Dieu répondit à sa prière et renvoya aussitôt le prophète chez lui. Avant que le prophète n'ait le temps de traverser la cour, il avait reçu la réponse à sa prière. Il y a quelques années, nous n'aurions probablement pas compris ce phénomène de réponses instantanées à longue distance. Mais maintenant, avec l'avènement des téléphones mobiles, nous pouvons comprendre comment un message peut parvenir en Australie en quelques secondes et comment une réponse peut être reçue en quelques secondes.

En ce temps-là, Ézéchias fut malade à la mort. Le prophète Ésaïe, fils d'Amots, vint auprès de lui, et lui dit : Ainsi parle l'Éternel : Donne tes ordres à ta maison, car tu vas mourir, et tu ne vivras plus.

ÉZÉCHIAS TOURNA SON VISAGE CONTRE LE MUR, ET FIT CETTE PRIÈRE À L'ÉTERNEL :

O Éternel ! souviens-toi que j'ai marché devant ta face avec fidélité et intégrité de cœur, et que j'ai fait ce qui est bien à tes yeux ! Et Ézéchias répandit d'abondantes larmes.

ÉSAÏE, QUI ÉTAIT SORTI, N'ÉTAIT PAS ENCORE DANS LA COUR DU MILIEU, lorsque la parole de l'Éternel lui fut adressée en ces termes :

Retourne, et dis à Ézéchias, chef de mon peuple : Ainsi parle l'Éternel, le Dieu de David, ton père : J'ai entendu ta prière, j'ai vu tes larmes. Voici, je te guérirai ; le troisième jour, tu monteras à la maison de l'Éternel.

2 Rois 20,1-5

b. La réponse instantanée à Daniel

La troisième année de Cyrus, roi de Perse, une parole fut révélée à Daniel, qu'on nommait Beltschatsar. Cette parole, qui est véritable, annonce une grande calamité.

Il fut attentif à cette parole, et il eut l'intelligence de la vision. En ce temps-là, MOI, DANIEL, JE FUS TROIS SEMAINES DANS LE DEUIL.

Daniel 10,1-2

Il me dit : Daniel, ne crains rien; car dès le premier jour où tu as eu à cœur de comprendre, et de t'humilier devant ton Dieu, TES PAROLES ONT ÉTÉ ENTENDUES, et c'est à cause de tes paroles que je viens.

Daniel 10,12

Daniel reçut aussi une réponse instantanée à ses prières. Daniel pria en fait pendant trois semaines entières. Quand l'ange lui apparut, il informa Daniel que ses prières avaient en fait été entendues le premier jour. Il n'y avait pas besoin de s'inquiéter, même s'il semblait que Dieu avait du retard. Dieu avait répondu immédiatement !

c. La réponse instantanée à Élie

Élie aussi pria et Dieu l'exauça immédiatement. Il eut besoin de feu à un moment donné pour prouver quelque chose aux prophètes de Baal. Dieu l'honora et lui répondit immédiatement.

Au moment de la présentation de l'offrande, Élie, le prophète, s'avança et dit : Éternel, Dieu d'Abraham, d'Isaac et d'Israël ! que l'on sache aujourd'hui que tu es Dieu en Israël, que je suis ton serviteur, et que j'ai fait toutes ces choses par ta parole !

RÉPONDS-MOI, ÉTERNEL, RÉPONDS-MOI, afin que ce peuple reconnaisse que c'est toi, Éternel, qui es Dieu, et que c'est toi qui ramènes leur cœur !

ET LE FEU DE L'ÉTERNEL TOMBA, et il consuma l'holocauste, le bois, les pierres et la terre, et il absorba l'eau qui était dans le fossé.

1 Rois 18,36-38

CHAPITRE 3

Que se passe-t-il quand vous ne priez pas

1. QUAND VOUS NE PRIEZ PAS, VOTRE VIE EST DIRIGÉE PAR LE HASARD

Qu'est-ce que *le hasard* ? *Le hasard* est un autre mot pour la chance, les circonstances, le sort, la malchance, la bonne fortune, le malheur, les bizarreries, les anomalies et les coups du sort.

Malheureusement, le hasard, les circonstances, la chance, la malchance, la bonne fortune, le malheur et les bizarreries sont également régis par d'autres facteurs. Les événements soi-disant de « *chance* » sont en réalité régis par des choses naturelles et aussi par des choses spirituelles.

Comment les facteurs naturels régissent la chance

Dans la nature, nous connaissons beaucoup de choses qui ressemblent à des « hasards », mais qui en fait n'en sont pas. Par exemple, je fus stupéfait d'entendre dire un jour qu'un auteur avait reçu un contrat pour écrire un best-seller.

Je demandai : « Comment savent-ils que son livre sera un best-seller ? »

Puis je découvris que de nombreux best-sellers sont désignés comme tels avant même d'être écrits. Je découvris que de nombreux livres soi-disant à succès ne sont pas des best-sellers, mais qu'ils sont présentés comme tels au public avant même d'être écrits. On connaît même des éditeurs qui ont racheté des milliers d'exemplaires de livres qu'ils ont publiés pour créer l'impression que le livre est un best-seller.

Au grand étonnement de tous, on découvre dans les nouvelles de temps en temps que les gagnants de certains matches de football ou de cricket sont désignés avant même le match. Ce qui ressemble à un coup de chance n'est pas un coup de chance du tout ! De nombreux événements apparemment chanceux sont en fait orchestrés et mis en œuvre par des forces humaines invisibles.

Il fut un temps où j'allais aux courses de chevaux tous les samedis. Au début, je pensais que le meilleur cheval allait gagner la course. Plus tard, je pensais que le cheval le plus chanceux serait le vainqueur. Mais avec le temps, je découvris que ni le plus chanceux, ni le meilleur n'était prédestiné à gagner. Il y avait en fait des gens qui déterminaient qui gagnerait ou perdrait.

Je découvris que les jockeys recevaient des instructions par les propriétaires des chevaux pour retenir leur cheval et l'empêcher de courir aussi vite qu'il le pouvait. Parfois, on demandait aux jockeys d'être sûrs qu'ils arrivent à la dernière place dans une course. C'était pour faire en sorte que leurs chevaux soient rétrogradés dans la division inférieure, où il y avait des chevaux inférieurs et où ils porteraient moins de poids. En effet, à ma grande surprise, les courses étaient fixées d'avance pour que certains parieurs gagnent plus d'argent.

Si les événements qui sont apparemment régis par la chance et le hasard sont en fait contrôlés par les décisions des gens, alors nous pouvons peut-être conclure que la « chance » ou le « hasard » n'existe probablement pas.

Comment les facteurs spirituels régissent la chance

Les facteurs spirituels régissent aussi ce que nous appelons le « hasard ». Dans une histoire célèbre à propos de la mort du roi Achab, nous voyons comment il mourut apparemment d'un mauvais coup du sort. Le roi était entièrement déguisé. Personne ne savait qui il était. Malgré cela, une flèche lancée au hasard frappa le roi à une jointure de l'armure. Quelle coïncidence ! En fait, ce n'était pas vraiment un coup du hasard ! Il y avait eu une réunion dans le domaine spirituel et un mauvais esprit avait été chargé d'envoyer Achab sur le champ de bataille où il allait mourir. Ce qui était apparemment un coup du hasard avait été déterminé par une décision des mauvais esprits.

Lisez le vous-même :

La planification de la mort d'Achab par les mauvais esprits

Et Michée dit : Écoute donc la parole de l'Éternel ! J'ai vu l'Éternel assis sur son trône, et toute l'armée des cieux se tenant auprès de lui, à sa droite et à sa gauche. Et L'ÉTERNEL dit : QUI SÉDUIRA ACHAB, POUR QU'IL MONTE À RAMOTH EN GALAAD ET QU'IL Y PÉRISSE ? Ils répondirent l'un d'une manière, l'autre d'une autre. ET UN ESPRIT VINT SE PRÉSENTER DEVANT L'ÉTERNEL, ET DIT : MOI, JE LE SÉDUIRAI.

L'ÉTERNEL lui dit : Comment ? Je sortirai, répondit-il, et je serai un esprit de mensonge dans la bouche de tous ses prophètes. L'Éternel dit : Tu le séduiras, et tu en viendras à bout ; sors, et fais ainsi ! Et maintenant, voici, L'ÉTERNEL a mis un esprit de mensonge dans la bouche de tous tes prophètes qui sont là. Et l'Éternel a prononcé du mal contre toi.

1 Rois 22,19-23

La mort d'Achab, apparemment par coïncidence

Le roi d'Israël dit à Josaphat : Je veux me déguiser pour aller au combat ; mais toi, revêts-toi de tes habits. ET LE ROI D'ISRAËL SE DÉGUISA, et alla au combat. Le roi de Syrie avait donné cet ordre aux trente-deux chefs de ses chars : Vous n'attaquerez ni petits ni grands, mais vous attaquerez seulement le roi d'Israël.

Quand les chefs des chars aperçurent Josaphat, ils dirent : Certainement, c'est le roi d'Israël. Et ils s'approchèrent de lui pour l'attaquer. Josaphat poussa un cri. Les chefs des chars, voyant que ce n'était pas le roi d'Israël, s'éloignèrent de lui.

ALORS UN HOMME TIRA DE SON ARC AU HASARD, ET FRAPPA LE ROI D'ISRAËL AU DÉFAUT DE LA CUIRASSE. Le roi dit à celui qui dirigeait son char : Tourne, et fais-moi sortir du champ de bataille, car je suis blessé.

Le combat devint acharné ce jour-là. Le roi fut retenu dans son char en face des Syriens, et il mourut le soir. Le sang de la blessure coula dans l'intérieur du char.

1 Rois 22,30-35

Cette histoire révèle la réalité que la bonne chance et la malchance ne sont pas aussi au hasard que cela puisse paraître. Achab n'est pas mort d'une coïncidence triste et mauvaise. Quand les événements se sont déroulés, ils pouvaient avoir l'air d'être dus au hasard, mais c'étaient des événements orchestrés par des esprits mauvais.

2. QUAND VOUS NE PRIEZ PAS, VOTRE VIE EST RÉGIE PAR LES MALÉDICTIONS PRINCIPALES DE CE MONDE.

L'évolution de ce monde est largement déterminée par trois malédictions. Ces trois malédictions ont été mises en place au début des temps et sont rapportées dans la Bible. La vie de la plupart des gens se déroule selon ces trois malédictions principales : la malédiction d'Adam, la malédiction d'Ève et la malédiction de Cham.

La malédiction d'Adam est une punition de tous les hommes à cause de la désobéissance d'Adam. Elle assure que les hommes souffrent et suent dans cette vie pour la prospérité et leur existence.

La malédiction d'Ève est une punition de toutes les femmes à cause de la désobéissance d'Ève. Elle assure que les femmes soient irrésistiblement attirées par les hommes et subissent cette attraction inexorable. Elle assure aussi que les femmes souffrent par l'acte de mariage et l'accouchement.

La malédiction de Cham est une punition de Cham, le fils noir de Noé. Cette punition explique les conditions difficiles dans lesquelles les Noirs luttent partout dans le monde. C'est une malédiction qui se déroule dans tous les continents de ce monde. Les Noirs ont partout les plus faibles niveaux de richesse, de santé, d'éducation et de vie. Ce peut être la seule explication de l'état de l'homme noir dans toutes les régions du monde.

Comment la prière affecte-t-elle ces malédictions ?

Quand vous ne priez pas ni n'intercédez, votre vie suivra un schéma stéréotypé déterminé par ces malédictions. Par la prière et l'intercession, vous recevez la sagesse. Une grande partie de votre prière doit être pour obtenir la sagesse.

Les malédictions sont toujours plus supportables grâce à la sagesse ! Les malédictions sont vaincues et minimisées grâce aux prières pour recevoir la sagesse. La sagesse vous sera donnée pour suivre un parcours de vie différent et meilleur. Quand vous obtenez la sagesse, la richesse, l'honneur, la longueur des jours et de nombreuses bénédictions arrivent dans votre vie et annulent l'effet de la malédiction sur l'homme.

« Heureux l'homme qui a trouvé la sagesse, et l'homme qui possède l'intelligence ! Car le gain qu'elle procure est préférable

31

à celui de l'argent, et le profit qu'on en tire vaut mieux que l'or ; Elle est plus précieuse que les perles, elle a plus de valeur que tous les objets de prix. Dans sa droite est une longue vie ; dans sa gauche, la richesse et la gloire » (Proverbes 3,13-16).

Les femmes sont également aidées par la sagesse. Elle leur évite de suivre aveuglément les hommes et de vivre leurs vie avec des déchirements de cœur l'un après l'autre. Grâce à la sagesse, selon la science médicale, la grossesse n'est pas aussi destructrice et dangereuse pour les femmes.

L'homme noir qui a toujours été historiquement au bas des statistiques monte grâce au don de sagesse. Les Noirs peuvent s'élever au-dessus de la servitude par la sagesse. L'homme noir ne sera pas au niveau le plus bas et le plus petit quand il marche dans la sagesse de Dieu.

La prière donc, surtout pour demander la sagesse, changera grandement le cours de la vie d'une personne et la délivrera des malédictions qui dirigent et régissent les masses. Sans la prière, vous tomberez dans les modes de vie par lesquels tous les hommes, toutes les femmes et tous les Noirs expérimentent.

3. QUAND VOUS NE PRIEZ PAS, VOTRE VIE EN CE MONDE EST UNIQUEMENT RÉGIE PAR LE DIEU OU LE CONTRÔLEUR DE CE MONDE.

Dans la Bible, on appelle Satan le dieu de ce monde.

Pour les incrédules dont le dieu de ce siècle a aveuglé l'intelligence, afin qu'ils ne vissent pas briller la splendeur de l'Évangile de la gloire de Christ, qui est l'image de Dieu.

2 Corinthiens 4,4

Le dieu de ce monde est le chef et dirigeant des événements et des circonstances du monde. Le dieu de ce monde, Satan, dirige donc les affaires de ce monde.

Même si Dieu est le créateur du monde entier, on sent que Satan contrôle et dirige les affaires de notre monde. Il est facile de voir que Satan est le dieu de ce monde, parce qu'il conduit ce monde vers les guerres, les conflits et les souffrances et tragédies innombrables de l'humanité.

C'est parce que Satan a une grande influence et contrôle sur ce monde qu'il a offert à Jésus les royaumes de la terre dans la tentation. C'est la raison pour laquelle c'était une tentation, parce que Satan avait en fait les royaumes de ce monde sous son contrôle. Il les offrait à Jésus si Jésus se prosternait.

> Le diable le transporta encore sur une montagne très élevée, lui montra tous les royaumes du monde et leur gloire, et lui dit : Je te donnerai toutes ces choses, si tu te prosternes et m'adores.
>
> Matthieu 4,8-9

Quand vous ne priez pas, vous n'appelez pas Dieu à intervenir dans la vie que vous menez sur cette terre. Que vous le vouliez ou non, la vie que vous avez sur cette terre est affectée par le chef d'état de votre pays. De la même façon, notre vie sur terre est fortement influencée par celui qui contrôle les royaumes de la terre.

Le Dieu tout-puissant attend de vous que vous L'invitiez à intervenir légalement dans les événements et circonstances de votre vie ici-bas. S'il n'y a pas d'intervention, les choses vont suivre un certain cours. Dans le livre de l'Ecclésiaste, il y a une prédiction que tous ceux qui sont nés dans un certain royaume seront pauvres.

> Car il peut sortir de prison pour régner, et même ÊTRE NE PAUVRE DANS SON ROYAUME.
>
> Ecclésiaste 4,14

En effet, tous ceux qui sont nés dans certaines parties du monde sont généralement pauvres. À moins d'une intervention spéciale, si vous habitez dans certains pays vous serez pauvres.

En effet, nous avons tous besoin de l'intervention spéciale du Seigneur, parce que nous travaillons et habitons dans un monde gouverné par un être très méchant. Comprenez-vous maintenant pourquoi le monde est plein de tristesse et de douleur ?

Comment pouvez-vous vivre dans ce monde sans demander à Dieu d'intervenir et d'entrer dans votre vie, gouverné par ce terrible méchant et déchu ennemi de Dieu ? Il est temps de prier et de vous engager à Dieu. Il est temps de vous délivrer des modèles et stéréotypes que Satan a préparés pour ceux qui vivent dans ce monde.

4. QUAND VOUS NE PRIEZ PAS, VOUS N'INTERVENEZ PAS, NI NE MODIFIEZ LES ÉVÉNEMENTS QUI ONT LIEU DANS LE DOMAINE SPIRITUEL.

Les êtres et événements spirituels provoquent des choses dans la nature. Dans le livre de la Révélation, vous entendrez les trompettes sonner, vous verrez les sceaux ouverts et les coupes vidées sur la terre. Chaque sceau ouvert et chaque trompette sonnée déclenchent des événements sur terre.

Quand vous priez, vous entrez dans le royaume spirituel et affectez ce qui s'y passe. Celui qui parle en langues ne parle pas aux hommes, mais il prononce des mystères dans le domaine spirituel. En d'autres termes, la prière opère dans le domaine spirituel.

Lisez vous-même et vous verrez comment la levée des sceaux spirituels dans le domaine spirituel déclencha des événements majeurs dans notre monde physique. Les chevaux blancs, noir, roux et pâles commencèrent à galoper dans l'esprit apportant des changements majeurs sur terre. Chaque fois que vous priez, vous faites quelque chose de spirituel ! Quand vous priez, vous interrompez des événements spirituels et affectez ce qui se passe dans le royaume spirituel.

Je regardai, quand l'Agneau ouvrit un des sept sceaux, et j'entendis l'un des quatre êtres vivants qui disait comme d'une voix de tonnerre : Viens.

Je regardai, et voici, parut un cheval blanc. Celui qui le montait avait un arc ; une couronne lui fut donnée, et il partit en vainqueur et pour vaincre.

Quand il ouvrit le second sceau, j'entendis le second être vivant qui disait : Viens.

Et il sortit un autre cheval, roux. Celui qui le montait reçut le pouvoir d'enlever la paix de la terre, afin que les hommes s'égorgeassent les uns les autres ; et une grande épée lui fut donnée.

Quand il ouvrit le troisième sceau, j'entendis le troisième être vivant qui disait : Viens. Je regardai, et voici, parut un cheval noir. Celui qui le montait tenait une balance dans sa main. Et j'entendis au milieu des quatre êtres vivants une voix qui disait : Une mesure de blé pour un denier, et trois mesures d'orge pour un denier ; mais ne fais point de mal à l'huile et au vin.

Quand il ouvrit le quatrième sceau, j'entendis la voix du quatrième être vivant qui disait : Viens.

Je regardai, et voici, parut un cheval d'une couleur pâle. Celui qui le montait se nommait la mort, et le séjour des morts l'accompagnait. Le pouvoir leur fut donné sur le quart de la terre, pour faire périr les hommes par l'épée, par la famine, par la mortalité, et par les bêtes sauvages de la terre.

Apocalypse 6,1-8

5. QUAND VOUS NE PRIEZ PAS, VOTRE VIE EST RÉGIE PAR LA MÉCHANCETÉ DES HOMMES.

Nous savons que... le monde entier est sous la puissance du malin.

1 Jean 5,19

Le mal planté chez les hommes pousse. La volonté de l'homme n'est pas la volonté de Dieu. La volonté de l'homme est souvent la volonté de Satan. Le monde entier gît dans le mal. Votre vie ne peut être régie par la méchanceté des hommes. Le mal se multiplie et la dépravation des hommes est de plus en plus prononcée. Celui qui réussi est envié par ceux qui l'entourent.

J'ai vu que tout travail et toute habileté dans le travail n'est que jalousie de l'homme à l'égard de son prochain. C'est encore là une vanité et la poursuite du vent.

Ecclésiaste 4,4

Ce malheureux état du cœur humain donne lieu aux maux terribles de notre monde. Peu importe combien de bien vous faites, les hommes vous haïront, vous envieront et vous détesteront. Ce sera votre récompense pour toutes vos contributions à la société. C'est seulement quand vous serez mort et enterré qu'on construira des statues en votre honneur.

C'est l'une des raisons importantes pour lesquelles la prière doit être faite en votre faveur. La méchanceté de l'humanité peut vous submerger et s'emparer votre vie.

Qu'est-ce que Jésus Christ rencontra quand Il vint dans ce monde ? La jalousie humaine, les peurs, la méchanceté, la trahison et les conflits ! Ces caractéristiques humaines ont dominé et déterminé le cours des événements de ce monde.

C'est pourquoi Jésus pria dans le jardin de Gethsémani. Il y avait beaucoup de forces à l'œuvre pour Le conduire à Sa mort avant Son temps. Les Pharisiens L'enviaient. Beaucoup de Juifs Le haïssaient. Les Romains Le méprisaient. Les soldats désiraient Son argent. Judas était cupide et déloyal. Les bourreaux étaient pleins de méchanceté et n'avait aucun sentiment. Ponce Pilate voulait le pouvoir politique. L'épouse de Ponce Pilate était pleine de peurs. En bref, beaucoup de forces puissantes faisaient rage et influençaient les événements. La plus puissante de ces forces l'emporterait.

Mais la vie de Jésus était trop importante pour être régie par la haine, les jalousies, les peurs et les ambitions des méchants. La vie et le ministère de Jésus étaient régis par Dieu et non par la nature humaine.

C'est pourquoi Jésus alla au jardin de Gethsémani pour tant d'heures. Il pria pour que la volonté de Dieu soit faite. Son procès aurait pu aller dans plusieurs directions différentes. Il est possible que tous ceux qui furent guéris par Jésus seraient venus pour témoigner qu'Il était une bonne personne.

Le centurion dont le serviteur fut guéri aurait pu apparaitre au procès et transformer le cours des événements.

Les masses auraient pu être offensées et effrayées que Pilate se lave les mains d'eux.

Les foules auraient pu rejeter la libération de Barabbas et demander la libération du Christ.

Judas aurait pu changer d'avis, ne pas trahir Jésus et se repentir de ses mauvaises idées.

Jésus Lui-même aurait pu ne pas choisir la croix, en raison des douleurs physiques et de la souffrance extrême ! Il ne serait alors pas mort sur la croix, parce que la souffrance aurait été trop dure à supporter.

C'est pourquoi Jésus pria si longtemps et si dur au jardin de Gethsémani. Il voulait que la volonté de Dieu soit faite. Il pria pour que le Père intervienne, afin que la volonté de Dieu soit faite et non la volonté de l'homme. Il pria pour que Sa vie ne soit pas régie par les jalousies de l'homme, la cupidité, l'ambition, la haine, l'oubli, la déloyauté, l'ingratitude et la méchanceté.

Si vous ne priez pas, votre vie sera régie et contrôlée par la volonté des hommes. Voulez-vous que votre vie suive la volonté de Dieu ou celle de l'homme ? Les infidélités, les peurs, les jalousies, la cupidité et la haine des hommes détruiront vos beaux plans de vie et vous conduiront à un endroit où vous n'avez jamais prévu d'être.

Remettez-vous à la volonté de Dieu par la prière. Priez jusqu'à ce que la volonté de Dieu soit faite. Le contraire de la volonté de Dieu est la volonté de l'homme. La volonté de l'homme est souvent guidée par Satan. Jésus réprimanda Pierre parce qu'il était contre la croix. Il lui dit : tu aimes les choses des hommes. Tu veux que les choses suivent la voie des hommes. Jésus lui fit remarquer que la volonté des hommes était la volonté de Satan.

Pierre, l'ayant pris à part, se mit à le reprendre, et dit : A Dieu ne plaise, Seigneur ! Cela ne t'arrivera pas. Mais Jésus, se retournant, dit à Pierre : Arrière de moi, Satan ! tu m'es en scandale ; car TES PENSÉES NE SONT PAS LES PENSÉES DE DIEU, MAIS CELLES DES HOMMES.

Matthieu 16,22-23

CHAPITRE 4

Comment parler à un personnage très important

Prier, c'est parler à un personnage très important qui s'appelle L'Éternel : Je suis celui qui suis ! Il est le plus grand de tous. Il est le créateur du Ciel et de la terre. Il est le Seigneur des seigneurs. Il connaît le début et la fin ! Nul n'est comme Lui ! Personne d'autre ne peut toucher nos vies comme Il le fait ! Comme est grand notre Dieu, et comme est grand Son nom !

Chaque fois que nous prions, nous venons devant le Dieu grand et éternel. Il doit y avoir une façon de Lui parler correctement. Nous devons apprendre comment parler à ce grand Dieu. Une façon simple d'apprendre à prier est d'apprendre à parler à un personnage très important. En effet, de nombreux principes qui doivent être utilisés quand on parle à un personnage très important sont les principes utilisés dans la prière.

Quels sont les principes que vous devez avoir à l'esprit quand vous parlez à un personnage très important ?

1. NE DEMANDEZ PAS ET NE MENTIONNEZ PAS CE DONT VOUS AVEZ BESOIN AU DÉBUT DE VOTRE INTERACTION.

Vous pouvez avoir un besoin légitime et le personnage très important peut être la bonne personne qui peut résoudre votre problème. Ce dont vous avez besoin peut être quelque chose de très noble et de très juste.

Mais le moment de la mention de votre besoin est très important. Il est très tentant de demander à une personne importante ce dont vous avez besoin. Vous savez peut-être que la personne importante a ce qu'il vous faut. Vous savez peut-être aussi qu'elle peut facilement fournir à vos besoins. Mais vous devez vous contrôler et ne pas mentionner vos besoins à ce personnage très important.

Il y a plusieurs années, quand je vivais à Londres, j'étais vraiment pauvre et dans le besoin. Chaque fois que je rencontrais un oncle ou quelqu'un de ma famille, je voulais immédiatement les informer de mon besoin de quelques livres sterling. Je voyais qu'ils en avaient beaucoup. Je voyais qu'ils ne savaient pas que je n'avais pas d'argent. Je voyais qu'ils étaient complètement inconscients de ma situation désespérée. Oh combien j'étais tenté de laisser échapper : « S'il vous plaît, donnez-moi cinquante livres ». Il est naturel de vouloir dire ce dont vous avez besoin aux gens éminents quand vous les voyez.

Mais quand Jésus nous enseigna à prier, Il nous a appris à ne pas mentionner nos besoins en premier. Nos besoins doivent être mentionnés beaucoup plus tard dans la discussion, si jamais. Il y a plusieurs années, lors de mon premier contact avec un grand pasteur, Yonggi Cho, je l'invitai à venir au Ghana consacrer mon église. Mais ce fut une erreur. Il refusa catégoriquement et je quittai la réunion découragé et déprimé. Il parla de quelques mauvaises expériences qu'il avait eues avec d'autres pasteurs africains. Je ne pouvais pas lui en vouloir, parce qu'il ne me connaissait même pas. La dédicace de mon église fut totalement rejetée.

Cependant, après des années de contact avec lui, il décida lui-même de venir au Ghana à ses propres frais et de consacrer mon église. Je lui ai demandé aussi beaucoup d'autres choses et je les ai facilement reçues. J'envoie un email et je reçois aussitôt une réponse positive de lui.

J'ai appris l'importante leçon de ne pas mentionner mes besoins au début d'une relation ou d'une discussion. Jésus nous a enseigné à prier de cette manière ou selon ce modèle. Le modèle est clair ; mentionnez vos besoins plus tard.

VOICI DONC COMMENT VOUS DEVEZ PRIER : Notre Père qui es aux cieux ! Que ton nom soit sanctifié ; que ton règne vienne ; que ta volonté soit faite sur la terre comme au ciel. Donne-nous aujourd'hui notre pain quotidien ; Pardonne-nous nos offenses, comme nous aussi nous pardonnons à ceux qui nous ont offensés ; Ne nous induis pas en tentation, mais délivre-nous du malin. Car c'est à toi qu'appartiennent, dans tous les siècles, le règne, la puissance et la gloire. Amen !

Matthieu 6,9-13

2. NE DEMANDEZ PAS ET NE MENTIONNEZ PAS CE QUE VOUS DéSIREZ AU DéBUT DE VOTRE INTERACTION.

Quand la reine Esther alla voir le roi pour lui demander la vie de son peuple, les Juifs, elle utilisa judicieusement cette stratégie éprouvée pour parler à un personnage très important. Elle ne demanda pas immédiatement ce qu'elle désirait. Elle évita l'erreur que beaucoup de gens font quand ils veulent de l'aide ou de l'assistance d'un homme très important. Elle ne demanda au roi ce qu'elle voulait que la deuxième nuit de leur rencontre.

Elle se contenta de rester en sa compagnie, de bavarder avec lui et de jouir de sa présence. Le deuxième jour, c'est le roi lui-même qui commença à la pousser à dire ce dont elle avait besoin et ce qu'elle voulait. Lisez vous-même :

Le roi et Haman allèrent au festin chez la reine Esther. CE SECOND JOUR, le roi dit encore à Esther, pendant qu'on buvait le vin : QUELLE EST TA DEMANDE, reine Esther ? Elle te sera accordée. Que désires-tu ? Quand ce serait la moitié du royaume, tu l'obtiendras.

La reine Esther répondit : Si j'ai trouvé grâce à tes yeux, ô roi, et si le roi le trouve bon, accorde-moi la vie, voilà ma demande, et sauve mon peuple, voilà mon désir !

Esther 7,1-3

Évitez cette grave erreur de dire ce que vous voulez au début de votre interaction avec un personnage très important. Beaucoup de gens ont détruit leurs relations et ont mis fin à leurs conversations avec des gens importants en demandant un ordinateur portable, un vélo ou même de l'argent.

S'ils avaient appris exactement comment parler à un personnage très important sans évoquer leurs besoins ou leurs désirs, ils auraient probablement développé une étroite relation solide et un jour ils auraient fini par recevoir ce qu'ils désiraient.

3. APPRENEZ À PARLER SINCÈREMENT DE LA GRANDEUR DU PERSONNAGE TRÈS IMPORTANT.

Si vous parlez de la grandeur d'un personnage très important d'une manière qui n'est pas sincère, vous irritez ce personnage très important. Les gens importants peuvent voir la fausseté des mots d'un flatteur. Nous devons commencer notre interaction avec le Seigneur en Le remerciant, en Lui rendant hommage et en Le louant. Chaque personne importante deviendra plus chaleureuse à votre égard quand vous lui direz des choses gentilles.

Un jour, alors que je bavardais avec un riche, je lui demandai s'il soutenait un parti politique. Il rit et me dit : « Je supportais un parti politique avant, et je leur ai donné beaucoup d'argent, mais je ne le fais plus ».

- Pourquoi pas ?, demandai-je.

Il rit et me dit : « Il y a quelques années, certains politiciens sont venus me voir et m'ont dit des mots gentils. Ils m'ont dit que j'étais l'un des plus sages du pays ».

Il poursuivit : « J'ai été assez stupide pour avaler cette histoire et j'ai cru que j'étais l'un des plus sages du pays. Alors je leur ai donné beaucoup d'argent. Aujourd'hui, je ne les crois pas quand ils disent que je suis le plus sage, le plus intelligent ou le plus ingénieux du monde. Je ne donne pas mon argent, tout simplement ».

Vous voyez, le politicien avait parlé sagement à cet homme très important et lui avait dit de belles choses qu'il aimait entendre. Tout le monde aimerait entendre dire qu'il est le plus sage du pays. Le politicien avait appris l'art de parler à un personnage très important. Dieu est tout aussi impressionné quand nous nous approchons de Lui avec la louange, l'adoration et l'honneur montant de notre cœur.

Bien sûr, Dieu peut voir derrière l'hypocrisie et les paroles vides.

« En priant, ne multipliez pas de vaines paroles, comme les païens, qui s'imaginent qu'à force de paroles ils seront exaucés » (Matthieu 6,7).

En effet, nous devons apprendre l'art de venir à Dieu avec des paroles de louange et d'honneur sincères. Nous devons dire au Seigneur les paroles que nous croyons être vraies. Nous devons franchir Ses portes avec l'action de grâces et Ses parvis avec la louange. C'est la façon de commencer à parler à un grand Dieu — avec action de grâces, louange et honneur.

Entrez dans ses portes avec des louanges, dans ses parvis avec des cantiques ! Célébrez-le, bénissez son nom !

Psaume 100,4

4. APPRENEZ À RESTER LONGTEMPS ET CONFORTABLEMENT EN PRESENCE D'UN PERSONNAGE TRÈS IMPORTANT SANS ÊTRE NERVEUX.

La capacité d'une personne à rester au même endroit avec un personnage très important sans vouloir partir ou vérifier l'heure est une chose importante. Les gens éminents remarquent ceux qui sont agités et mal à l'aise en leur présence. Personne ne veut être « in-désirable ». Je ne veux pas être en présence de quelqu'un qui ne veut pas être avec moi. Je n'aime pas être avec des gens qui regardent constamment leur montre et attendent la fin de leur rencontre avec moi.

Vous pouvez apprendre à être à l'aise en présence de Dieu en jouant de la musique ou en prêchant des messages. Ces choses créent une atmosphère qui vous permet de rester confortablement en présence de Dieu pendant une longue période.

Vous pouvez aussi mettre des vidéos et jouer des services religieux du début à la fin. Cela crée une atmosphère où vous pouvez rester en Sa présence pendant des périodes encore plus longues. D'une certaine manière, vous devenez plus détendu, moins agité et moins pressé de Le quitter. Dieu aime les gens qui ne sont pas pressés de partir. Dieu aime parler aux gens qui ne sont pas pressés d'aller ailleurs.

Garde le silence devant l'Éternel, et espère en lui ; ne t'irrite pas contre celui qui réussit dans ses voies, contre l'homme qui vient à bout de ses mauvais desseins.

Psaume 37,7

Mais ceux qui se confient en l'Éternel renouvellent leur force. Ils prennent le vol comme les aigles ; Ils courent, et ne se lassent point, Ils marchent, et ne se fatiguent point.

Ésaïe 40,31

5. APPRENEZ À PARLER A UN PERSONNAGE TRÈS IMPORTANT DE CE QU'ELLE A DIT OU ECRIT.

Si vous demeurez en moi, et que MES PAROLES DEMEURENT EN VOUS, demandez ce que vous voudrez, et cela vous sera accordé.

Jean 15,7

Comme c'est impressionnant quand vous parlez à quelqu'un qui sait ce que vous avez dit ou écrit ! Soyez sûr de rappeler au personnage très important les choses qu'il a dites en citant des déclarations qu'il a faites auparavant.

Vous révélez votre intelligence quand vous pouvez répéter des paroles du personnage très important. Vous révélez votre compréhension d'une sagesse importante.

En tant qu'auteur, je suis toujours impressionné quand je rencontre des gens qui savent ce que j'ai écrit et ce que j'ai dit. La façon la plus facile d'entrer en conversation avec un personnage très important est de commencer à parler des choses qu'elle a dites.

Je parlais un jour à une petite fille dans un service d'église, pour voir si elle pourrait tenir une conversation avec moi. Je fus étonné quand elle cita différentes choses que j'avais dites dans le passé. Elle cita mon livre sur L'Art de l'écoute. Elle me dit que j'avais écrit sur une douzaine de types de voix qui étaient importantes pour chaque chrétien. Je fus surpris par sa connaissance de mes divers enseignements. Elle n'arrêta pas de me parler pendant une heure, et je devins plus chaleureux à son égard, parce que j'étais impressionné qu'elle me connaissait si bien.

Jésus dit : « Si mes paroles demeurent en vous, vous demanderez ce que vous voudrez, et cela vous sera donné ». Plus vous en savez sur ce que Dieu a dit, plus vous pourrez parler au Seigneur. Plus vous en savez sur ce que Dieu a dit, plus vous pourrez Lui parler intelligemment et correctement.

Quand vous connaitrez les paroles que Dieu a dites, vous parlerez avec le Seigneur, selon Ses propres paroles.

Nous avons auprès de lui cette assurance, que si nous DEMANDONS QUELQUE CHOSE SELON SA VOLONTÉ, il nous écoute.

Et si nous savons qu'il nous écoute, quelque chose que nous demandions, nous savons que nous possédons la chose que nous lui avons demandée.

1 Jean 5,14-15

6. APPRENEZ À PARLER DES PLUS GRANDS OBJECTIFS DE VIE ET BUTS DU PERSONNAGE TRES IMPORTANT.

Dans la nature, le but de la plupart des gens éminents dans cette vie tourne autour de choses comme les affaires, la politique et les événements de la journée. Si vous ne pouvez pas parler à un personnage très important de ces sujets, vous ne pourrez probablement pas rester longtemps en sa présence.

De la même façon, Dieu a de grands intérêts. Ses grands intérêts sont Son œuvre et Son dessein éternels. Plus vous pouvez parler à Dieu de Son œuvre et de Son dessein éternels, plus vous aurez quelque chose à dire dans la prière.

Matthieu 28,18 résume le grand intérêt que le Seigneur Jésus a sur terre. Son grand but est de sauver toutes les nations en construisant et implantant des églises et en enseignant la Parole de Dieu.

Si vous êtes impliqué dans la construction de l'église, vous aurez beaucoup de choses à dire à Dieu. Vous pouvez rester avec Lui pendant des heures en priant pour que Sa volonté soit faite dans l'église.

C'est pourquoi les pasteurs et ceux qui travaillent pour Dieu ont plus de choses pour lesquelles prier. Si vous voulez améliorer votre vie de prière, commencez par travailler pour Dieu. Plus vous travaillez pour Dieu, plus vous aurez de quoi prier.

Allez, faites de toutes les nations des disciples, les baptisant au nom du Père, du Fils et du Saint Esprit, et enseignez-leur à observer tout ce que je vous ai prescrit. Et voici, je suis avec vous tous les jours, jusqu'à la fin du monde. Amen.

Matthieu 28,19-20

Jésus Christ passa trois heures à prier dans le jardin de Gethsémani pour que la volonté de Dieu soit faite. Tous ceux qui travaillent à ce que la volonté de Dieu soit faite passeront des heures en présence de Dieu. Jésus passa des heures à mettre Sa vie entre les mains de Dieu et à Se confier à la volonté de Dieu. Il fut étonné que les pasteurs à venir comme Pierre et Jean ne puissent pas faire cela pendant au moins une heure. Pierre et les autres disciples étaient de simples étudiants. Ils ne travaillaient pas encore pour Dieu. C'est Jésus qui travaillait activement pour le Seigneur. C'est pourquoi Il ne pu pas dormir cette nuit-là. Les étudiants dormirent, mais le travailleur resta éveillé et pria le Seigneur pendant trois heures. C'est le modèle que vous trouverez dans toute l'église. Les travailleurs prient et les membres dorment ! Êtes-vous un travailleur ? Quand vous deviendrez un travailleur sincère, vous prierez de nombreuses heures.

Et il vint vers les disciples, qu'il trouva endormis, et il dit à Pierre : Vous n'avez donc pu veiller une heure avec moi !

Matthieu 26,40

7. APPRENEZ À PARLER DE CE QU'UN PERSONNAGE TRÈS IMPORTANT AIME.

Les gens éminents aiment des choses différentes. Certaines personnes éminentes aiment le football. Certaines personnes éminentes aiment le golf. Certaines personnes éminentes aiment le tennis. Beaucoup de personnes éminentes aiment l'argent, les actions et obligations.

Ces choses peuvent ne pas être le but du personnage très important dans cette vie, mais elle les aime et aime en parler. Si vous n'avez rien à dire sur le golf, vous ne pouvez pas soutenir une conversation intéressante avec un personnage très important.

Si vous n'avez rien à dire sur les affaires, la politique, l'argent, les actions et obligations, vous pouvez avoir très peu à dire au personnage très important.

De la même façon, il y a des choses que Dieu aime.

Qu'est-ce que Dieu aime ? Dieu a tant aimé le monde qu'Il a donné Son Fils. Dieu aime les pécheurs. Dieu aime l'évangélisation. Vous devrez apprendre à parler à Dieu des âmes perdues du monde et des pécheurs pour lesquels Il est venu mourir.

Les gens ne prient pas longtemps, parce qu'ils ne prient pas pour que les âmes soient sauvées. Ils n'ont aucun intérêt pour les âmes et n'ont donc aucun intérêt pour ce que Dieu aime. À cause de cela, ils sont incapables de soutenir une conversation avec le Seigneur.

Car Dieu a tant aimé le monde qu'il a donné son Fils unique, afin que quiconque croit en lui ne périsse point, mais qu'il ait la vie éternelle.

Jean 3,16

Car le Fils de l'homme est venu chercher et sauver ce qui était perdu.

Luc 19,10

Les gens ne prient pas longtemps, parce qu'ils n'intercèdent pas pour ceux qui sont sur le point d'aller en Enfer et de brûler dans l'étang de feu. Tous les chrétiens qui passent beaucoup de temps à appeler Dieu pour les perdus auront beaucoup de quoi prier et passeront des heures en présence de Dieu.

Abraham passa des heures à négocier avec Dieu pour les gens de Sodome et Gomorrhe qui étaient sur le point d'être brûlés dans le feu du jugement. Il intercéda pour les perdus. C'est pourquoi sa prière est comptée comme l'une des célèbres prières de la Parole de Dieu.

8. APPRENEZ À DEMANDER CE DONT LE PERSONNAGE TRÈS IMPORTANT PENSE QUE VOUS AVEZ BESOIN.

Ne demandez pas les choses que le personnage très important n'a pas l'intention de faire. Ne perdez pas votre temps à demander des choses qui ne sont pas clairement dans Sa volonté ou Son plan. Vous devez analyser et juger ce que vous pensez être le souhait et la volonté du personnage très important pour vous. C'est ce que vous devez demander. Demandez ce que le personnage très important pense que vous avez besoin. C'est ce que vous obtiendrez. Et ensuite vous commencerez à obtenir d'autres choses. Nous pouvons découvrir la volonté et les désirs de Dieu de la Bible. Beaucoup de choses qu'Il souhaite et veut pour nous sont claires. Ce sont les choses que nous devons passer notre temps à demander. C'est beaucoup plus productif de demander des choses qui sont spécifiquement énoncées que de faire des demandes étranges que le personnage très important n'a pas l'intention de vous donner.

Nous avons auprès de lui cette assurance, que si nous demandons quelque chose selon sa volonté, il nous écoute.

1 Jean 5,14

La plupart des gens riches et personnages très importants ne pensent pas que les pauvres ont besoin d'argent ! La plupart des pays riches ne pensent pas que les pays pauvres et pays en voie de développement ont besoin d'argent per se. Les présidents de l'Amérique et de l'Europe pensent que les pays pauvres et pays en voie de développement ont besoin de démocratie et de loi plus que de toute autre chose. Ils pensent que les pays pauvres ont besoin d'en finir avec la corruption. Ils pensent aussi que les pays pauvres ont besoin d'une bonne éducation et d'une bonne santé.

N'avez-vous pas remarqué que lorsque les pays riches aident les pays pauvres, ils donnent de l'aide dans des domaines spécifiques ? Ils aident pour les élections, pour l'éducation et la santé. Mais ils n'aident pas en donnant des avions et hélicoptères présidentiels.

Dieu ne pense pas non plus que nous ayons besoin d'argent. Dieu pense que nous avons besoin de sagesse et de Le Saint Esprit.

En lisant la Bible, vous découvrirez que très peu de sujets de prière nous sont donnés. Ce sont les choses les plus importantes pour lesquelles nous devons prier. C'est ce que Dieu pense que nous avons besoin. Dieu pense que nous avons besoin de Le Saint Esprit. Jésus nous a promis Le Saint Esprit pour nous aider et nous fortifier. Quand vous demandez ces choses, vous les recevrez. Quand vous demandez des hélicoptères présidentiels, vous ne les recevrez pas.

Quel est parmi vous le père qui donnera une pierre à son fils, s'il lui demande du pain ? Que se passe-t-il quand vous ne priez pas Ou, s'il demande un poisson, lui donnera-t-il un serpent au lieu d'un poisson ?

Ou, s'il demande un œuf, lui donnera-t-il un scorpion ?

Si donc, méchants comme vous l'êtes, vous savez donner de bonnes choses à vos enfants, à combien plus forte raison le Père céleste donnera-t-il le Saint Esprit à ceux qui le lui demandent.

Luc 11,11-13

Il y a plusieurs raisons pour lesquelles Jésus nous dit de prier pour recevoir Le Saint Esprit. Le Saint Esprit est Dieu, et Il nous aidera à vivre une vie surnaturelle, sainte et juste. Au lieu de perdre du temps à prier pour des choses qui ne seront jamais exaucées, commençons à demander des choses qui peuvent et seront exaucées.

Prier pour la sagesse et la révélation est l'une des choses les plus importantes. C'est l'une des prières que Dieu exaucera. C'est l'une des demandes qui impressionne Dieu. C'est l'une des raisons pour lesquelles Salomon est considéré sage. Quand Dieu lui demanda ce qu'il voulait, il demanda la sagesse. Par la sagesse, il reçut tout le reste. Dieu fut tellement impressionné par son sujet de prière qu'Il lui donna tout le reste qu'il n'avait pas demandé.

À Gabaon, l'Éternel apparut en songe à Salomon pendant la nuit, et DIEU LUI DIT : DEMANDE CE QUE TU VEUX QUE JE TE DONNE.

Salomon répondit : Tu as traité avec une grande bienveillance ton serviteur David, mon père, parce qu'il marchait en ta présence dans la fidélité, dans la justice, et dans la droiture de cœur envers toi ; tu lui as conservé cette grande bienveillance, et tu lui as donné un fils qui est assis sur son trône, comme on le voit aujourd'hui.

Maintenant, Éternel mon Dieu, tu as fait régner ton serviteur à la place de David, mon père ; et moi je ne suis qu'un jeune homme, je n'ai point d'expérience.

Ton serviteur est au milieu du peuple que tu as choisi, peuple immense, qui ne peut être ni compté ni nombré, à cause de sa multitude.

ACCORDE DONC À TON SERVITEUR UN CŒUR INTELLIGENT pour juger ton peuple, pour discerner le bien du mal ! Car qui pourrait juger ton peuple, ce peuple si nombreux ?

CETTE DEMANDE DE SALOMON PLUT AU SEIGNEUR.

Et Dieu lui dit : Puisque c'est là ce que tu demandes, puisque tu ne demandes pour toi ni une longue vie, ni les richesses, ni la mort de tes ennemis, et que tu demandes de l'intelligence pour exercer la justice, voici, j'agirai selon ta parole. Je te donnerai un cœur sage et intelligent, de telle sorte qu'il n'y aura eu personne avant toi et qu'on ne verra jamais personne de semblable à toi.

JE TE DONNERAI, EN OUTRE, CE QUE TU N'AS PAS DEMANDÉ, des richesses et de la gloire, de telle sorte qu'il n'y aura pendant toute ta vie aucun roi qui soit ton pareil.

1 Rois 3,5-13

CHAPITRE 5

Comment prier en langues peut vous aider

De même aussi l'Esprit nous aide dans notre faiblesse, car NOUS NE SAVONS PAS CE QU'IL NOUS CONVIENT DE DEMANDER DANS NOS PRIÈRES. Mais l'Esprit lui-même intercède par des soupirs inexprimables.

Romains 8,26

Q uand vous parlez à un personnage très important, votre plus grande difficulté est peut-être de *savoir de quoi parler.* Dieu comprend cette difficulté et cette limite. Il nous a donc fait le don de Le Saint Esprit, pour que nous puissions être aidés dans la prière. Même quand vous connaissez tous les principes et passages de l'Écriture sur la prière, il est toujours difficile de savoir exactement pour quoi vous devez prier. Rappelez-vous que Le Saint Esprit est appelé l'aide et c'est pour cela qu'Il est là.

Tout au long du Nouveau Testament, quand les gens ont reçu Le Saint Esprit, un phénomène merveilleux apparut. Ils commencèrent à parler en langues qu'ils ne comprenaient pas. Ces langues étaient des langues célestes. C'étaient les langues des hommes et les langues des anges.

Quand vous parlez en langues, Le Saint Esprit prend le relais et vous aide à prier. Vous êtes celui qui parle, mais Le Saint Esprit est celui qui donne la parole et les mots (Actes 2,4).

Ces langues étonnantes sont aussi le signe de grands croyants remplis de Le Saint Esprit.

Ces langues merveilleuses se caractérisent par des lèvres et des mots qui balbutient.

Vous entendrez souvent beaucoup de *ma ma ma* et de *ba ba ba* quand les gens parlent en langues. Ce sont les lèvres balbutiantes que vous entendez.

C'est par des hommes aux lèvres balbutiantes et au langage barbare que l'Éternel parlera à ce peuple.

Ésaïe 28,11

Il y a des récits merveilleux de gens recevant Le Saint Esprit aux chapitres deux, huit, neuf, dix et dix-neuf des Actes. Ces récits nous confirment que la caractéristique la plus fréquente de recevoir Le Saint Esprit est le parler en langues et la prophétie.

En lisant ce livre, je veux que vous ayez la foi de recevoir Le Saint Esprit et aussi de parler en langues. Quand vous parlez en langues, vous recevrez de l'aide pour passer plus de temps en présence d'un personnage très important. Vous prierez plus longtemps et plus fort. Vous serez assisté. Vous serez aidé et vous pourrez prier.

Je voudrais maintenant partager avec vous quelques étapes simples qui vous aideront à recevoir Le Saint Esprit et à parler en langues.

Comment recevoir Le Saint Esprit

1. CONFESSEZ VOS PÉCHÉS.

Confessez vos péchés et demandez à Dieu de vous pardonner toutes les erreurs que vous avez faites. Une fois que vous êtes purifié par le sang de Jésus, vous êtes prêt à recevoir Le Saint Esprit. Le sang vient toujours avant l'huile. Dans l'Ancien Testament, les prêtres étaient oints avec le sang et ensuite avec de l'huile. Le sang vous nettoie et vous rend pur ! Assez pur pour recevoir Le Saint Esprit ! C'est seulement après avoir été purifié par le sang de Jésus de tous les péchés, que vous pouvez recevoir Le Saint Esprit.

Le sacrificateur prendra du SANG de la victime de culpabilité ; il en mettra sur le lobe de l'oreille droite de celui qui se purifie, sur le pouce de sa main droite et sur le gros orteil de son pied droit. Le sacrificateur prendra du log d'HUILE, et il en versera dans le creux de sa main gauche.

Lévitique 14,14-15

2. DEMANDEZ LE SAINT ESPRIT.

Priez le Père pour recevoir Le Saint Esprit. C'est l'une des seules choses que Jésus nous a enseigné à demander. Le Saint Esprit vous sera donné aujourd'hui quand vous Le demanderez.

Si donc, méchants comme vous l'êtes, vous savez donner de bonnes choses à vos enfants, à combien plus forte raison le Père céleste donnera-t-il le Saint Esprit à ceux qui le lui demandent.

Luc 11,13

3. OUVREZ LA BOUCHE ET PARLEZ À DIEU.

Quand vous priez pour recevoir Le Saint Esprit, vous devez croire que vous avez reçu Le Saint Esprit. Ensuite, vous devez ouvrir la bouche et parler à Dieu. Quand vous faites cela Le Saint Esprit prendra contrôle de votre langue et vous commencerez à parler en langues. Rappelez-vous que Dieu ne va pas mettre une radio dans votre estomac qui commencera à parler tout seul. Vous devez prendre la parole et Le Saint Esprit vous donnera les paroles. Lisez le passage suivant et vous vous rendrez compte que vous devez parler pendant que Le Saint Esprit vous donne les paroles.

ET ILS furent tous remplis du Saint Esprit, et SE MIRENT À PARLER en d'autres langues, selon que L'ESPRIT LEUR DONNAIT DE S'EXPRIMER.

Actes 2,4

4. DEMANDEZ À UN SERVITEUR OINT DU SEIGNEUR DE VOUS IMPOSER LES MAINS POUR QUE VOUS PUISSIEZ RECEVOIR LE SAINT ESPRIT.

Tout au long de la Bible, les gens ont reçu Le Saint Esprit quand des gens oints leur imposaient les mains. Même Simon le magicien reconnut le pouvoir de l'imposition des mains. Il remarqua que lorsqu'on imposait les mains aux gens, ils recevaient Le Saint Esprit et commençaient à parler en langues.

LORSQUE SIMON VIT que le Saint Esprit était donné par l'imposition des mains des apôtres, il leur offrit de l'argent, en disant : Accordez-moi aussi ce pouvoir, afin que celui à qui j'imposerai les mains reçoive le Saint Esprit.

Actes 8,18-19

5. PRIEZ JUSQU'À CE QUE VOUS RECEVIEZ.

Attendez-vous à parler en langues et priez Le Saint Esprit jusqu'à ce que vous parliez en langues. Pourquoi devriez-vous être différent des gens du livre des Actes ? Tous les gens dans le livre des Actes reçurent Le Saint Esprit et parlèrent en langues quand ils prièrent pour Le recevoir. Attendez-vous à recevoir le même Esprit Saint et à parler en langues de la même façon ! Demander Le Saint Esprit revient à demander la volonté de Dieu. Ayez confiance en votre prière pour recevoir Le Saint Esprit.

Nous avons auprès de lui CETTE ASSURANCE, que si nous demandons quelque chose selon sa volonté, il nous écoute. Et si nous savons qu'il nous écoute, quelque chose que nous demandions, nous savons que nous possédons la chose que nous lui avons demandée.

1 Jean 5,14-15

6. PERSEVEREZ.

Ne vous découragez pas si vous ne recevez pas Le Saint Esprit et ne parlez pas en langues à la première occasion. Continuez à prier Le Saint Esprit. De nombreuses récompenses sont promises à ceux qui persévèrent dans la prière. Je n'ai pas reçu Le Saint Esprit quand j'ai prié pour la première fois. Je n'ai pas non plus reçu Le Saint Esprit quand on m'a imposé les mains. J'ai reçu Le Saint Esprit seulement après plusieurs semaines de prière et de persévérance. Même si j'ai failli abandonner, je ne l'ai jamais fait et un jour j'ai commencé à parler en langues pendant mon moment de recueillement, allongé sur mon lit. Quel jour glorieux ce fut !

Il leur dit encore : « Si l'un de vous a un ami, et qu'il aille le trouver au milieu de la nuit pour lui dire : 'Ami, prête-moi trois pains, car un de mes amis est arrivé de voyage chez moi, et je n'ai rien à lui offrir', et si, de l'intérieur de sa maison, cet ami lui répond : 'Ne m'importune pas, la porte est déjà fermée, mes enfants et moi sommes au lit, je ne puis me lever pour te donner des pains',

« je vous le dis, même s'il ne se levait pas pour les lui donner parce que c'est son ami, IL SE LÈVERAIT À CAUSE DE SON IMPORTUNITÉ ET LUI DONNERAIT TOUT CE DONT IL A BESOIN ».

Luc 11,5-8

7. LAISSEZ LE FLEUVE COULER.

Quand vous commencez à parler en langues, ne vous arrêtez pas rapidement. Le Saint Esprit est un fleuve. Laissez le fleuve couler ! Continuez à prier et laissez le flot de langues s'écouler hors de vous. Au début, lorsque vous commencez à parler en langues, cela peut paraître drôle ou même stupide.

Quand un fleuve commence, il y a un petit ruisseau peu impressionnant, mais comme il grandit, il devient plus large, plus fort et plus puissant. C'est quand il est un fleuve puissant qu'il devient une bénédiction. Laissez les langues s'écouler hors de vous comme un fleuve puissant. Vous serez puissamment béni quand vos langues seront un grand fleuve sortant de votre sein. Beaucoup de gens ne bénéficient pas du parler en langues, parce qu'ils ne laissent pas le fleuve de langues s'écouler de façon appropriée.

Celui qui croit en moi, DES FLEUVES D'EAU VIVE COULERONT DE SON SEIN, comme dit l'Écriture.

(IL DIT CELA DE L'ESPRIT que devaient recevoir ceux qui croiraient en lui ; car l'Esprit n'était pas encore, parce que Jésus n'avait pas encore été glorifié).

Jean 7,38-39

Vingt-cinq avantages du parler en langues

Je rends grâces à Dieu de ce que je parle en langue plus que vous tous.

1 Corinthiens 14,18

Quels sont les avantages de parler dans une langue que vous ne comprenez pas ?

Paul devait avoir une bonne raison de parler tellement en langues. C'était quelque chose qu'il faisait plus que tous ceux qu'il connaissait. La capacité de prier en langues est sans doute le plus beau cadeau que Dieu ait fait aux chrétiens. Je veux partager avec vous pourquoi la prière en langues est si importante, même si vous ne comprenez pas la langue que vous parlez. Chacune des raisons a un fondement biblique, et je veux que vous y réfléchissiez pour votre propre bénéfice.

1. Quand vous priez en langues, vous vous rechargez comme une batterie (1 Corinthiens 14,4).

2. Quand vous priez en langues, vous êtes immédiatement inspiré par Le Saint Esprit (Actes 2,4).

3. Quand vous priez en langues, vous priez de votre cœur (esprit) (1 Corinthiens 14,14).

4. Quand vous priez en langues, votre prière est dictée et dirigée par Le Saint Esprit (Actes 2,4).

5. Quand vous priez en langues, vous opérez instantanément dans le domaine de l'esprit (1 Corinthiens 14,14).

6. Quand vous priez en langues, les autres ne comprennent pas ce que vous dites (1 Corinthiens 14,14).

7. Quand vous priez en langues, les démons ne comprennent pas ce que vous dites (1 Corinthiens 14,14).

8. Quand vous priez en langues, vous pouvez entendre la voix du Saint Esprit en interprétant vos prières (1 Corinthiens 14,13).

9. Quand vous priez en langues, vous pouvez prier de longues heures comme Jésus (Marc 1,35 ; Luc 6,12).

10. Quand vous priez en langues, vous pouvez pratiquer l'intercession pour les âmes, les familles et les pays (Éphésiens 6,18).

11. Quand vous priez en langues, vous pouvez parler à vous-même et à Dieu. Cela vous aide à vous concentrer sur Dieu où que vous soyez (1 Corinthiens 14,28).

12. Quand vous priez en langues, vous rendez grâces et louez très bien (1 Corinthiens 14,17).

13. Quand vous priez en langues, c'est un signe pour le monde que le Christ est en vous (Marc 16,17).

14. Quand vous priez en langues, vous franchissez la première étape vers les choses surnaturelles (Actes 2,4).

15. Quand vous priez en langues, vous exercez la foi (Galates 3,5).

16. Quand vous priez en langues, vous faites ce qu'ont fait de grands hommes comme Paul (1 Corinthiens 14,18 ; Hébreux 6,12).

17. Quand vous priez en langues, vous pouvez prier contre vos ennemis (en leur présence) sans qu'ils sachent ce que vous dites (1 Corinthiens 14,21).

18. Quand vous priez en langues, vous pouvez prier et penser (1 Corinthiens 14,14).

19. Quand vous priez en langues, vous pouvez prier et étudiez des livres séculiers (1 Corinthiens 14,14).

20. Quand vous priez en langues, vous pouvez prier et lire votre Bible (1 Corinthiens 14,14).

21. Quand vous priez en langues, vous pouvez prier et lire d'autres livres (1 Corinthiens 14,14).

22. Quand vous priez en langues, vous pouvez prier et écouter des CD (1 Corinthiens 14,14).

23. Quand vous priez en langues, vous pouvez prier et regarder des vidéos (1 Corinthiens 14,14).

24. Quand vous priez en langues, vous pouvez prier et quand même faire votre travail (1 Corinthiens 14,14).

25. Quand vous priez en langues, vous pouvez marcher et prier (1 Corinthiens 14,14).

CHAPITRE 6

Les trois plus grands sujets de prière

Quelqu'un peut demander : « Pour quoi est-ce que je peux prier pendant une heure entière ? Je n'ai rien à dire après cinq minutes ! » J'ai fait cette expérience de nombreuses fois. Beaucoup de chrétiens commencent à regarder leur montre au bout d'une minute et demie de prière. D'une certaine façon, il semble qu'il n'y ait plus rien à dire. C'est pourquoi vous avez besoin de sujets de prière.

Qu'est-ce qu'un sujet de prière ? Un sujet de prière est quelque chose qui vous donne des directives pour la prière. Quand vous lisez la Bible, vous découvrirez exactement pour quoi il faut prier. Ce sont les sujets de prière dont vous avez besoin. Je veux partager avec vous trois groupes de sujets de prière parmi les plus importants, pour que vous puissiez développer une vie de prière puissante.

I. Les sujets dans le Notre Père

Voici donc comment vous devez prier : Notre Père qui es aux cieux ! Que ton nom soit sanctifié ; que ton règne vienne ; que ta volonté soit faite sur la terre comme au ciel. Donne-nous aujourd'hui notre pain quotidien ; pardonne-nous nos offenses, comme nous

aussi nous pardonnons à ceux qui nous ont offensés ; ne nous induis pas en tentation, mais délivre-nous du malin. Car c'est à toi qu'appartiennent, dans tous les siècles, le règne, la puissance et la gloire. Amen !

Matthieu 6,9-13

L'une des choses qui ont frappé les disciples du Seigneur Jésus était Son aptitude à prier pendant de longues heures. Ils voulaient savoir quelle stratégie, quelle formule ou astuce Il utilisait pour rester en prière pendant tant d'heures.

C'est pourquoi ils s'approchèrent de Lui et Lui dirent : « Seigneur, apprends-nous à prier ». Ils avaient besoin d'avoir une sorte de directive pour leur vie de prière. Jésus les fit asseoir et leur donna huit étapes pour améliorer leur vie de prière personnelle.

1. Rendez grâces et adorez le Seigneur

...Notre Père qui es aux cieux ! Que ton nom soit sanctifié.

Matthieu 6,9

Jésus nous a enseigné que la première étape consiste à remercier et à adorer le Seigneur. La première chose à faire dans cette formule de prière est de passer du temps à rendre grâces au Seigneur. Pour la plupart des gens, l'action de grâces dure environ quarante-cinq secondes.

Cependant, nous devons être reconnaissants envers le Seigneur pour tout ce qu'Il a fait pour nous. Remerciez-Le pour vous permettre de voir ce jour. Beaucoup de gens meurent tous les jours, cela aurait pu être vous. Le fait que vous êtes en vie est un miracle. Remerciez-Le pour votre pasteur et votre église.

Remerciez-Le que vous pouvez lire ce livre. J'ai des membres de mon école biblique qui ne savent pas écrire. Pendant les cours, ils doivent enregistrer ce qui se dit. Ils n'ont tout simplement pas la capacité de lire ou d'écrire. Je remercie Dieu pour le fait que je suis dans le ministère. Le fait que vous lisez mon livre est un miracle de Dieu.

Certains ne voient que les problèmes. Dieu touche vos yeux en ce moment-même ! Il vous ouvre les yeux pour voir Ses bénédictions tout autour de vous. Dans cette première étape de prière, vous devez remercier le Seigneur pour ce qu'Il a fait pour vous.

Une triste visite

J'ai récemment rendu visite à l'un de mes amis. Il vivait pratiquement dans la rue. Il était devenu toxicomane et n'avait ni à manger ni argent. Comme je prenais de l'argent de ma poche pour lui en donner, les larmes lui montèrent aux yeux. Je pensai à l'état pathétique de ce jeune homme. Je me rendis compte que cela aurait pu être moi. D'une certaine façon, par la grâce de Dieu, j'avais été amené à connaître le Seigneur. J'aurais pu fumer de la marijuana. Après tout, j'ai vu beaucoup de gens le faire quand j'étais plus jeune. J'aurais pu être mort et enterré depuis longtemps.

Je me suis trouvé dans des accidents de voiture presque mortels. J'ai été dans des avions qui sont pratiquement entrés en collision avec d'autres avions sur la piste. À deux reprises, j'ai été dans des avions qui ont atterri et ont dû faire un décollage d'urgence pour éviter une collision sur la piste. Mais je suis toujours là, et je sais que j'ai quelque chose pour lequel j'ai à remercier Dieu.

Mes amis, si vous ne pouvez rien trouver de quoi remercier Dieu, il se peut que vous ayez un esprit ingrat.

2. Priez pour que le Royaume de Dieu vienne

Que Ton règne vienne ...

Matthieu 6,10

La deuxième étape importante est de prier pour que le royaume de Dieu vienne. Cette étape est mon étape favorite. Je peux y passer trois heures. Mais si vous n'avez pas beaucoup de temps, vous pouvez juste y passer dix minutes. Veuillez noter ici que l'ordre est très important. La première chose est de prier pour l'Église et le royaume. Demandez à Dieu de bénir l'église.

Quand l'église grandit, c'est une indication que plus de personnes sont sauvées chaque jour. Tout le monde développe son royaume personnel. Les gens développent leur solidité financière. La plupart des gens ne s'intéressent pas vraiment à l'église. Tout chrétien doit d'abord prier pour que l'Église se développe et grandisse.

Priez pour vos pasteurs au lieu de les critiquer. Les hommes de Dieu sont des êtres humains comme vous. Les pasteurs font tellement d'erreurs chaque jour. Priez pour que Dieu protège Ses dirigeants des attaques de toutes sortes.

3. Que la volonté de Dieu soit faite

... Que ta volonté soit faite sur la terre comme au ciel.

Matthieu 6,10

La troisième étape consiste à prier pour que la volonté de Dieu soit faite. Celui qui prie pour que la volonté de Dieu soit faite dans sa vie prend soin de lui-même. Si vous vous aimez, priez pour que la volonté de Dieu soit faite dans votre vie. J'en suis venu à croire que la volonté de Dieu est meilleure que ma volonté ou la volonté de n'importe qui d'autre. Personne ne connaît l'avenir, mais Dieu sait ce qu'Il a en réserve pour vous.

Jésus a prié pendant trois heures au jardin de Gethsémani pour que la volonté de Dieu soit faite. Une fois que vous avez prié cette prière, vous pouvez vous détendre et laisser les événements se dérouler. Quand Judas et les pharisiens sont venus arrêter Jésus Christ, Il ne leur a pas résisté. Il a cru et accepté que les événements qui se produisaient étaient la volonté de Dieu, et ils l'étaient en effet. Ces événements Le conduisaient à sa plus grande victoire sur Satan.

Si vous voulez avoir la paix et la confiance dans cette vie, passez du temps à prier pour que la volonté de Dieu arrive dans votre vie.

Il y a plusieurs années, j'étais un jeune étudiant en médecine. Je n'avais aucune idée que je serais là où je suis aujourd'hui. En 1985, durant le premier trimestre de ma troisième année, je passai de nombreuses heures à prier pour que la volonté de Dieu soit faite. Notre campus se trouvait près de l'Atlantique. Chaque soir, à 10 heures, j'allais à la plage avec quatre autres amis. Je me souviens très bien me tenir sur les rochers sur la plage et prier : « Seigneur, que ta volonté soit faite ».

Alors que je me tenais sur les rives sombres du Ghana, je me rappelais comment les missionnaires étaient venus dans notre pays et avaient sacrifié leur vie. Je levai les mains sur la plage et dit : « Sers-Toi de moi, Seigneur. Que ta volonté soit faite ». J'ai crié vers le Seigneur et dit : « Tu m'as amené ici. Je ne connais pas l'avenir. Tout ce que Tu veux faire, que cela arrive ». Je crois qu'aujourd'hui j'avance dans les réponses de ces prières. Je dis ces mêmes prières pendant plusieurs semaines.

Commencez par passer du temps à prier Dieu pour que Sa volonté soit faite. Pensez-vous que la volonté de Dieu arrivera naturellement ? Certainement pas ! Si elle allait arriver naturellement, pourquoi devriez-vous passer du temps à prier pour cela ? Le fait même que Jésus nous ait enseigné à prier pour cela veut dire que la volonté de Dieu n'arrivera pas de façon automatique.

Je vois votre avenir se dérouler dans un sens positif ! Je vois Dieu vous élever quand vous priez pour Sa volonté ! Je vous vois épouser la bonne personne alors que vous passez du temps à prier pour que la volonté de Dieu soit faite !

4. Notre pain quotidien

Donne-nous aujourd'hui notre pain quotidien.
Matthieu 6,11

L'étape suivante consiste à prier pour votre pain quotidien. Jésus nous a enseigné à prier pour nos besoins quotidiens. Cela veut dire que nous devons prier pour nos emplois, nos mariages et tout ce qui nous concerne.

Il y a quelques années, je sentais que j'étais trop spirituel pour me marier. Mais personne ne peut être plus spirituel que Dieu. Ne soyez pas trop spirituel pour prier Dieu pour vos besoins physiques. Demandez-lui une maison. Demandez-lui du pain. Voulez-vous un mari ? Dieu vous l'accorde en ce moment-même, alors que vous avez lisez ce livre. Priez le Seigneur pour vous-même. Passez quelques minutes à mentionner vos besoins au Seigneur. Si vous passez une dizaine de minutes à prier le Seigneur pour vos besoins quotidiens, votre vie changera radicalement.

Quand il s'agit de prier, ne comptez sur personne, compter sur vous-même. Ne vous attendez pas à ce que quelqu'un prie pour vous. De nombreuses fois, les gens que vous croyez être en train de prier pour vous sont en fait endormis.

Dieu vous donne une formule de prière. Servez-vous en et marchez dans vos bénédictions.

5. Priez pour le pardon

Pardonne-nous nos offenses, comme nous aussi nous pardonnons à ceux qui nous ont offensés.

Matthieu 6,12

L'étape suivante consiste à prier pour le pardon. Nous avons tous besoin du pardon de nos péchés. Il existe deux types de péchés : les péchés de commission et les péchés d'omission. Nous devons être conscients de notre nature pécheresse quand nous nous approchons du trône de la grâce.

Faites vôtre le sang de Jésus. Demandez au Seigneur de vous voir seulement à travers les yeux du sang.

L'un des premiers péchés de commission est le péché de la bouche : le mensonge, la flatterie, la médisance, le commérage, etc. Un autre domaine du péché est l'esprit. Beaucoup d'entre nous avons commis le meurtre, l'adultère et le vol dans notre esprit. Nos esprits sont souvent pollués par le péché. Nous devons venir devant le Seigneur et prier pour la miséricorde. Comme nous demandons au Seigneur la miséricorde, nous devons étudier notre cœur pour voir si nous avons pardonné à ceux qui nous entourent.

Parfois, j'écoute comment les gens condamnent ceux qui ont commis des erreurs. Cela me rend triste ! Ne sommes-nous pas tous humains ? Ne sommes-nous pas tous soumis aux mêmes tenta- tions ? N'est-ce pas par la grâce de Dieu que nous survivons ? Quand nous arrivons à cette partie de la prière, nous devons corriger toutes attitudes de jugement ou d'arrogance.

L'un des péchés importants à confesser est le péché d'omission. Il y a des gens qui vont en Enfer parce qu'un voisin n'a pas témoigné devant eux. Il y a des amis qui meurent et vont en Enfer parce que nous ne leur avons jamais parlé de Jésus Christ. Quand nous nous approchons du trône, Dieu voit toutes nos erreurs. Si nous agissons comme si nous étions parfaits, nous nous trompons nous-mêmes et la vérité n'est pas en nous. Passez du temps à demander au Seigneur d'avoir pitié de votre vie.

6. Priez contre la tentation

Et ne nous induis pas en tentation...

Matthieu 6,13

L'étape importante suivante dans la formule du Notre Père est de prier contre la tentation. Nous sommes tous humains. Quand j'entends de grands hommes de Dieu tomber, j'ai très peur. Je me demande pour moi-même. Je prie de nombreuses fois juste pour arriver en toute sécurité au Ciel. Il est important que vous priiez contre les tentations de votre vie. Vous ne le savez peut-être pas, mais la prière vous fortifie contre les tentations.

Jeûner sans prier revient à faire un régime

La nuit de la trahison, Jésus donna à ses disciples une commande éternelle : « Priez au cas où vous tombiez en tentation ». Il y a plusieurs années, je me souviens avoir jeûné pendant trois jours. Le troisième jour, j'étais si faible que je ne pouvais pas me lever du lit. C'était la première fois que j'avais jeûné pendant trois jours sans aucune nourriture. Parce que je n'avais pas prié, j'étais presque inconscient.

Quelques mois plus tard, je décidai d'essayer à nouveau ce jeûne. Cette fois, je décidai de me réveiller à 4 heures du matin et de passer quelques heures en prière avant que le jour commence. Le troisième jour du jeûne, j'étais encore fort. Il y avait une grande différence entre les deux jeûnes. J'avais tellement de force, parce que j'avais été plus priant.

Mon ami chrétien, la prière est un acte surnaturel, et elle procure de la force même quand votre chair est faible.

7. Priez que Dieu vous délivre du Malin

... délivre-nous du malin ...

Matthieu 6,13

La septième étape est de prier pour que Dieu vous délivre du mal. Il est important que vous priiez contre les maux de ce monde. Couvrez-vous du sang de Jésus. Les Israélites aspergeaient du sang d'agneaux sur les linteaux et les montants des portes. C'était pour empêcher que le mal n'entre dans la maison. Nous devons faire la même chose aujourd'hui, mais d'une manière spirituelle.

On prendra de son sang, et on en mettra sur les deux poteaux et sur le linteau de la porte des maisons .... JE VERRAI LE SANG, ET JE PASSERAI PAR-DESSUS VOUS...

Exode 12,7.13

Comment aspergez-vous du sang ? Vous aspergez le sang de Jésus avec vos paroles. Appliquez le sang de Jésus sur chaque partie de votre maison et votre famille. Placez une injonction sur toute sorcière volante. Déclarez que votre maison est une zone d'exclusion aérienne pour toute sorcière, tout sorcier ou présence maléfique. Annulez tout enchantement, sort, charme ou lamentation placé contre vous. Déclarez que vous vivrez et que vous ne mourrez pas. Liez Satan et ses agents. Ayez foi en Dieu. Commandez aux êtres angéliques et aux forces du Ciel d'être en garde autour de vous. Dieu vous gardera quand vous priez contre le mal dans votre vie.

8. Remerciez-Le et rendez-Lui gloire

...Car c'est à toi qu'appartiennent, dans tous les siècles, le règne, la puissance et la gloire. Amen !

Matthieu 6,13

Le dernier sujet du Notre Père est de Le remercier et de Lui rendre gloire. Car c'est à toi qu'appartiennent le règne, la puissance et la gloire. Remerciez-Le sans cesse. Déclarez qu'Il est plus puissant que les murs d'opposition dans votre vie. Déclarez que toute montagne d'impossibilité est possible en raison de Sa puissance et de Sa gloire.

Élevez les mains et parlez de sa puissance glorieuse dans votre vie. Déclarez que tout programme sinueux sur votre vie ne peut pas arriver à cause de la puissance, du royaume et de la gloire de Dieu. Remerciez le Seigneur qu'Il a le temps d'écouter votre prière. Remerciez-Le que tout aille bien pour votre âme. Remerciez-Le que tout aille bien pour vous.

Si vous suivez ces étapes, vous aurez au moins une heure de prière efficace et fructueuse tous les jours.

C'est ma prière que ces stratégies de prière révolutionnent votre vie spirituelle. Puissiez-vous passer à de plus hauts sommets dans le royaume de Dieu, en appliquant les principes de ce livre.

II. Les sujets de prière des Éphésiens

Beaucoup de gens passent rapidement sur le premier chapitre de la Lettre aux Éphésiens. Ils pensent qu'il est trop compliqué à comprendre. Cependant, Dieu nous révèle des principaux sujets de prière dans ce chapitre. Je les appelle la formule de prière des Éphésiens. Les sujets de prière des Éphésiens ont six éléments importants :

■ La 1ère étape est de rendre grâces avec un cœur plein de reconnaissance.

- La 2ème étape est de prier pour la sagesse et la révélation dans Sa connaissance.

- La 3ème étape est de prier pour que les yeux de votre compréhension soient illuminés.

- La 4ème étape est de prier pour connaitre votre appel et l'espérance de votre appel.

- La 5ème étape est de prier pour connaitre la richesse de l'héritage des saints.

- La 6ème étape est de prier pour connaitre la puissance de Dieu.

C'est pourquoi moi aussi, ayant entendu parler de votre foi au Seigneur Jésus et de votre charité pour tous les saints, Je ne cesse de rendre grâces pour vous, faisant mention de vous dans mes prières, Afin que le Dieu de notre Seigneur Jésus Christ, le Père de gloire, VOUS DONNE UN ESPRIT DE SAGESSE ET DE RÉVÉLATION, dans sa connaissance, et QU'IL ILLUMINE LES YEUX DE VOTRE CŒUR, pour que VOUS SACHIEZ QUELLE EST L'ESPÉRANCE QUI S'ATTACHE À SON APPEL, quelle est la richesse de la gloire de son héritage qu'il réserve aux saints, Et QUELLE EST ENVERS NOUS QUI CROYONS L'INFINIE GRANDEUR DE SA PUISSANCE, se manifestant avec efficacité par la vertu de sa force.

Il l'a déployée en Christ, en le ressuscitant des morts, et en le faisant asseoir à sa droite dans les lieux célestes.

Éphésiens 1,15-20

a. Rendez grâces

Je ne cesse de RENDRE GRÂCES pour vous...

Éphésiens 1,16

Tout d'abord, vous devez rendre grâces. Beaucoup de gens se sont endurcis et sont devenus ingrats. Il est agréable de rencontrer quelques personnes reconnaissantes parmi les masses de gens ingrats dans le monde ! La première chose à faire, selon cette formule de prière, est donc de passer du temps à remercier le Seigneur dans la prière. Remerciez-Le pour Sa bonté et Sa miséricorde, remerciez-Le pour Sa protection, remerciez-Le pour ce qu'Il vous donne — la liste n'a pas de limites !

b. Criez vers le Seigneur pour la Révélation

La deuxième étape importante est de crier ver le Seigneur pour la révélation. C'est l'un de mes sujets préférés de prière. Vous savez peut-être quelque chose, mais jusqu'à ce que cela vous soit révélé dans un sens plus profond, vous ne le savez pas vraiment ! Il y a une différence entre la connaissance de la « tête » et la connaissance par « révélation ».

Afin que le Dieu de notre Seigneur Jésus Christ, le Père de gloire, vous donne un ESPRIT DE SAGESSE ET DE RÉVÉLATION, DANS SA CONNAISSANCE.

Éphésiens 1,17

J'ai toujours su qu'il est dangereux de conduire très vite. J'ai vu de grands panneaux déclarer : « *La vitesse qui fait rêver est la vitesse qui tue* ». Un jour, je suis allé à Tamale, au nord du Ghana. Je roulais à plus de 120 kilomètres à l'heure, quand tout à coup un cycliste croisa mon chemin. Je me retrouvai bientôt à faire des tonneaux. Après cette expérience, j'ai eu la connaissance par la révélation sur la conduite trop rapide !

Je me souviens d'un soir où je conduisais sur l'autoroute à environ quatre-vingts kilomètres à l'heure, quand soudain trois voitures me dépassèrent à toute allure. Ils roulaient si vite que ma voiture semblait être à l'arrêt. Je souris et me dis : « Il y eut un temps où aucune voiture ne me dépassait sur l'autoroute. Ces gens n'ont pas la connaissance par la révélation ». Ce que j'avais vécu m'avait donné une compréhension plus profonde de la connaissance de la conduite rapide. Nous appelons ce type de connaissance la connaissance par la révélation.

Il y a une différence entre savoir quelque chose et en avoir une révélation. Plus je prie pour la révélation, plus je comprends la Parole de Dieu. La chose primordiale qui m'a fait avancer dans ma marche avec Dieu a été la révélation que j'ai eue de Sa Parole. Quand vous avez eu une révélation, vous changez. Le signe clé de la révélation est un changement dans votre vie.

Chaque année, j'ai une révélation plus profonde et plus progressive de Dieu et de Sa Parole. Si vous êtes pasteur, passez des heures à prier pour la sagesse et la révélation. Dieu oint les gens qui Le connaissent. Quand je dis connaître, je parle d'une révélation de Dieu par Sa Parole. Les choses que je vous partage dans ce livre sont des choses que je connais par révélation. Elles sont plus réelles pour moi que les faits d'un livre d'histoire.

La vie est courte, et la seule chose qui mérite d'être faite est l'œuvre du ministère. Jésus Lui-même a dit de « vous amasser des trésors au Ciel ». La révélation de ce verset d'Écriture est au fond de mon cœur. Mais la plupart des gens n'en ont pas la révélation. Bien que beaucoup de gens connaissent ce passage, il ne leur a pas été révélé. C'est pourquoi j'ai pu renoncer à une carrière médicale lucrative pour le ministère. Je crois que je récolterai un jour de grandes récompenses célestes ayant plus de valeur que n'importe quelle somme d'argent.

C'est pourquoi j'ai pu renoncer à une vie tranquille de richesse et à une vie privée, en échange d'un rôle public souvent critiqué d'un dirigeant spirituel. J'ai une révélation de la vérité, que « Vanité des vanités... tout est vanité ... » (Ecclésiaste 1,2).

L'avocat reçut une révélation

Un jour, je rendis visite à un mourant à l'hôpital. C'était un jeune avocat à succès, frappé au milieu de ses années par une maladie mortelle. Je n'oublierai jamais ce qu'il m'a dit : « Si Dieu me levait de ce lit, je Le servirais. Même si cela veut dire devenir prédicateur à plein temps ».

Alors que cet homme était mourant, il se rendait compte comme tout était vraiment futile dans ce monde. Il eut soudain la connaissance par révélation de beaucoup de choses écrites dans la Bible.

D'une certaine façon, nous lisons la Bible, mais nous n'en obtenons pas la révélation. Quand vous priez pour l'Esprit de Révélation, les choses que vous avez lues à plusieurs reprises prendront vie pour vous d'une manière différente.

c. Priez pour la compréhension

QU'IL ILLUMINE LES YEUX DE VOTRE CŒUR, pour que vous sachiez quelle est l'espérance qui s'attache à son appel, quelle est la richesse de la gloire de son héritage qu'il réserve aux saints.

Éphésiens 1,18

L'étape suivante dans la formule de prière des Éphésiens est de prier pour la compréhension. Lorsque vous avez la compréhension, vous savez pourquoi vous devez obéir à la Parole de Dieu. Je prie souvent pour l'Esprit de compréhension. Quand vous avez la compréhension, cela vous aide à obéir aux instructions de Dieu. Parce que je demande la compréhension, Dieu me montre souvent beaucoup de choses profondes dans Sa Parole.

C'est pourquoi je peux prêcher « *Vingt-cinq raisons pour lesquelles nous devrions avoir une Méga Église* ». J'ai enseigné un jour : « *Cent vingt raisons pour lesquelles nous devrions gagner les âmes* ». Croyez-le ou non, chacune de ces raisons était différente. Quand vous aurez l'esprit de compréhension, vous saurez pourquoi Dieu vous parle de la façon dont Il vous parle.

Beaucoup de femmes chrétiennes ne sont pas disposées à faire leurs devoirs dans leur mariage. La raison est qu'elles n'ont pas la compréhension des devoirs d'une femme. Je remarque que la révélation de l'importance des devoirs d'une femme prend vie quand la tragédie frappe le mariage.

d. Priez à propos de votre appel

Qu'Il illumine les yeux de votre cœur, pour que vous sachiez quelle est L'ESPÉRANCE QUI S'ATTACHE

À SON APPEL, quelle est la richesse de la gloire de son héritage qu'il réserve aux saints.

Éphésiens 1,18

La quatrième étape de la formule de prière des Éphésiens est de prier à propos de votre appel. Tout chrétien est appelé à un ministère.

Car nous sommes son ouvrage, ayant été créés en Jésus Christ pour de bonnes œuvres, que Dieu a préparées d'avance, afin que nous les pratiquions.

Éphésiens 2,10

Les chrétiens n'ont pas été recréés pour rien. Dieu veut que chacun de nous réponde à notre appel divin. Nous sommes appelés à faire de bonnes œuvres. Nous sommes appelés à être stables, immuables, à toujours abonder dans l'œuvre du Seigneur. Je regarde les chrétiens modernes qui participent au service après service. Le christianisme est devenu une sorte de rituel pour beaucoup de gens. Ils se contentent d'aller à l'église, de chanter des cantiques et d'écouter un sermon de trente minutes. Mais il y a plus que cela dans l'appel de Dieu. Quand je suis devenu chrétien, j'ai rejoint un ministère dynamique qui prêchait la Parole partout. Pour moi, le christianisme a toujours été l'expérience de gagner des âmes et d'établir d'autres chrétiens dans le Seigneur.

Le chauffeur de taxi ne m'a pas cru !

Je bavardais un jour avec un chauffeur de taxi à Londres. Il me demanda d'où je venais. Je lui dis : « Je viens d'atterrir d'Amsterdam ».

Il dit : « Oh, il y a beaucoup de prostituées là-bas ; est-ce que vous avez passé un bon moment ? »

Je répondis : « Oh non ! Je suis chrétien. Nous ne vivons pas comme ça ! »

Il s'exclama : « Vous êtes sûr que les chrétiens ne font pas ça ? Vous le croyez vraiment ? Vous croyez réellement au Ciel ? »

Il poursuivit : « Si le Ciel est vraiment si bien, alors pourquoi est-ce que vous ne vous suicidez pas pour y aller tout de suite ? »

Malheureusement, j'avais arrivé à ma destination et je ne pouvais pas expliquer l'espérance (la raison) de mon appel en tant que chrétien. Ce chauffeur de taxi soulevait un point très valable. **Si nous attendons tous d'aller au Ciel, pourquoi ne pas y aller tout de suite ?**

La réponse est simple : les chrétiens ne doivent pas se tuer ! Les chrétiens ont l'appel important de sauver les âmes et d'établir les gens dans le Seigneur. Nous ne pouvons pas nous précipiter au Ciel dès maintenant ! L'espérance (la raison) de notre appel est de porter des fruits et de gagner des âmes dans cette vie. C'est pourquoi nous sommes toujours là et ne sommes pas encore partis vers le Ciel. D'après Apocalypse 14,13, vos œuvres vous suivront au Ciel.

...Heureux dès à présent les morts qui meurent dans le Seigneur ! Oui, dit l'Esprit, afin qu'ils se reposent de leurs travaux, car leurs œuvres les suivent.

Apocalypse 14,13

Ce que vous faites sur terre déterminera votre séjour au Ciel. Si vous savez pourquoi le Christ vous a sauvé, vous aurez beaucoup à faire pour Lui ici sur terre.

e. Connaitre la richesse de l'héritage du Christ

Qu'Il illumine les yeux de votre cœur, pour que vous sachiez quelle est l'espérance qui s'attache à son appel, quelle est la RICHESSE DE LA GLOIRE DE SON HÉRITAGE QU'IL RÉSERVE AUX SAINTS.

Éphésiens 1,18

L'étape suivante est de connaître la richesse de notre héritage en Christ. Cela veut dire que nous devons savoir ce que nous avons hérité en tant que chrétiens.

Quand mon père est décédé, il laissa des propriétés pour ses enfants. Quelques mois après sa mort, nous nous sommes réunis au tribunal pour écouter la lecture de son testament. Nous voulions tous connaitre la richesse de notre héritage. Nous avons pris le temps de découvrir ce que nous avions hérité. Je ne savais pas ce que mon père m'avait donné. J'ai dû aller au tribunal pour le découvrir par moi-même. Il est triste de dire que beaucoup de chrétiens ne se soucient pas de savoir ce que Dieu a en réserve pour eux. Quand vous commencez à découvrir ce que Dieu a en réserve pour vous, vous serez surpris. Nous devons prier pour savoir ce que Dieu nous a donné.

Sommes-nous censés être pauvres ?

Beaucoup de gens pensent que les chrétiens sont censés être pauvres. Ils pensent que les pasteurs, en particulier, sont censés être appauvris. Il y a des gens qui veulent que les ministres viennent se trainer à leur porte et mendier pour une boîte de sardines et du pain. Est-ce ce que nous avons hérité de notre Père céleste ? Non, certainement pas !

L'apôtre Pierre voulait savoir quel bénéfice il allait avoir de la suite du Christ, alors il demanda :

…Voici, nous avons tout quitté, et nous t'avons suivi.

Marc 10,28

En d'autres termes, quel bénéfice avons-nous de te servir ? Jésus lui répondit clairement. Cette réponse s'applique à nous tous :

…Il n'est personne qui, ayant quitté, à cause de moi et à cause de la bonne nouvelle, sa maison, ou ses frères, ou ses sœurs, ou sa mère, ou son père, ou ses enfants, ou ses terres, ne reçoive au centuple, présentement dans ce siècle-ci, des maisons, des frères, des sœurs, des mères, des enfants, et des terres, avec des persécutions, et, dans le siècle à venir, la vie éternelle.

Marc 10,29-30

L'héritage des chrétiens et des ministres n'est pas le manque et la pauvreté. Mais si vous ne le découvrez pas ou ne priez pas à ce sujet, vous vivrez dans les ténèbres de cette tromperie tous les jours de votre vie.

f. Connaitre la grandeur de la puissance de Dieu

Et quelle est envers nous qui croyons L'INFINIE GRANDEUR de sa puissance.

Éphésiens 1,19

La dernière étape de la formule de prière des Éphésiens est de prier pour connaître la grandeur de la puissance de Dieu. Certains chrétiens ne veulent rien à voir avec la puissance de Dieu. Dans les derniers jours, la Bible enseigne que certains auront une forme de piété, mais qu'ils nieront la réalité de la puissance de l'Évangile (2 Timothée 3,5).

L'une des choses pour lesquelles vous devez prier est de connaitre la puissance de Le Saint Esprit. Il existe deux types d'églises dans le monde : les églises enseignantes et les églises de puissance.

Certaines églises mettent l'accent sur l'enseignement de la Parole et n'ont rien à voir avec la puissance de Dieu. C'est une erreur ! Vous ne pouvez pas enlever les miracles de la Bible. Sans les miracles de la Bible, tout ce qui nous reste est de la littérature philosophique.

C'est parce que les gens ne croient pas en la puissance de Dieu qu'ils ont peur des sorcières à l'air bizarre et des féticheurs. Nous devons prier pour la puissance jusqu'à ce que nous en fassions l'expérience. Vous ne goûterez pas la puissance de Dieu à moins de prier pour elle ! Remerciez Dieu pour les enseignements du dimanche. Remerciez Dieu pour une bonne administration. Cependant, il y a une dimension de puissance dans le christianisme, et Dieu veut que vous en fassiez aussi l'expérience.

III. Les sujets de prière de Timothée

Les sujets de prière de Timothée constituent l'importante série suivante de sujets. La voici :

J'exhorte donc, avant toutes choses, à faire des prières, des supplications, des requêtes, des actions de grâces, pour tous les hommes, pour les rois et pour tous ceux qui sont élevés en dignité, afin que nous menions une vie paisible et tranquille, en toute piété et honnêteté. Cela est bon et agréable devant Dieu notre Sauveur.

1 Timothée 2,1-3

Ce passage de l'Écriture nous dit les types de prières que nous devons prier, et pour qui nous devons prier. Il nous dit de prier pour tous les hommes et en particulier pour les dirigeants, les chefs d'État, et toute personne ayant une certaine forme d'autorité sur nos vies. Cette formule de prière ne nous enseigne pas à maudire nos dirigeants ou à leur souhaiter du mal.

Il existe quatre types de prières que nous devons offrir pour toute personne en position d'autorité : des supplications, des prières, des intercessions et des actions de grâces. Nous devons considérer chaque dirigeant et prier pour que Dieu pourvoie à ses besoins. Nous devons remercier Dieu pour sa vie. Nous devons prier pour eux en général. Enfin, nous devons intercéder pour eux.

Celui qui utilise les sujets de prière de Timothée fera l'expérience de quatre bénédictions du Seigneur. Vous ferez l'expérience d'une vie tranquille, d'une vie paisible, d'une vie pieuse et d'une vie honnête. Qui que vous soyez, cette formule de prière peut s'appliquer à vous. Il y a toujours quelqu'un qui a une certaine forme d'autorité sur votre vie.

Dans mon pays, nous avons un président et un parlement qui règle les affaires de notre nation. D'une façon ou de l'autre, les décisions qu'ils prennent touchent tout le monde. Récemment, l'ensemble du pays a connu une crise énergétique majeure qui a conduit à un rationnement sévère de l'électricité. Nos activités d'église furent très touchées. Que cela nous plaise ou non, les décisions prises par les responsables de la production électrique nous ont touchés.

La Parole de Dieu dit que la prière pour nos dirigeants est importante si nous voulons continuer à mener une vie pieuse.

Il y a des années, je me rendais à une station de radio pour faire un enregistrement avec un groupe chrétien. Quand je suis arrivé à un endroit appelé Danquah Circle, je me rendis compte qu'il n'y avait pas une seule voiture ou un être humain en vue, même si c'était normalement une zone très fréquentée. Quand j'entendis un bruit d'artillerie lourde, je décidai de rentrer chez moi par souci pour ma vie. Plus tard, je découvris qu'il y avait eu un coup d'état militaire dans la ville. Des soldats avaient décidé de renverser le gouvernement en place. En raison de ce coup d'état, notre enregistrement pour la télévision chrétienne ne pouvait pas avoir lieu. Encore une fois, nous ne pouvions pas mener nos vies pieuses, à cause de l'instabilité de la direction de notre pays.

Rois et princes

Certaines parties du monde sont des zones d'exclusion. Un arrêt est mis au travail missionnaire et au travail d'église, parce que la région n'est pas en sécurité. C'est pourquoi Dieu nous dit de prier pour les rois et les personnes en position d'autorité.

Si vous étudiez Ézéchiel, vous découvrirez que même s'il y avait un roi de Tyr dans le domaine naturel, il y avait aussi un roi de Tyr dans le domaine spirituel.

...Fils de l'homme, dis au prince de Tyr : 'Ainsi parle le Seigneur, L'ÉTERNEL : Ton cœur s'est élevé, et tu as dit : 'Je suis Dieu, Je suis assis sur le siège de Dieu, au sein des mers !' TOI, TU ES HOMME et non Dieu, Et tu prends ta volonté pour la volonté de Dieu.

Ézéchiel 28,2

Fils de l'homme, Prononce une complainte sur le roi de Tyr ! Tu lui diras : 'Ainsi parle le Seigneur, l'Éternel' : Tu mettais le sceau à la perfection, Tu étais plein de sagesse, parfait en beauté.

TU ÉTAIS EN ÉDEN, le jardin de Dieu ; Tu étais couvert de toute espèce de pierres précieuses, De sardoine, de topaze, de diamant, De chrysolithe, d'onyx, de jaspe,

De saphir, d'escarboucle, d'émeraude, et d'or ; Tes tambourins et tes flûtes étaient à ton service, Préparés pour le jour où tu fus créé.

Tu étais un chérubin protecteur, aux ailes déployées ; Je t'avais placé et tu étais sur la sainte montagne de Dieu ; Tu marchais au milieu des pierres étincelantes.

Ézéchiel 28,12-14

Tyr était un être surnaturel qui régnait sur ses affaires. Cet homme s'appelait aussi le roi de Tyr. Pourquoi s'appelait-il le roi de Tyr ? Parce qu'en réalité il dirigeait et gouvernait Tyr !

Quand Jésus fut tenté au désert, l'une des offres que Satan Lui fit fut de Lui donner tous les royaumes du monde. Si Satan n'avait pas pu donner les royaumes du monde à Jésus, cela n'aurait pas été une tentation. C'était une vraie tentation pour Jésus, parce que Satan était en réalité celui qui contrôlait les royaumes du monde. Vous ne pouvez pas donner quelque chose que vous n'avez pas !

Vous et moi nous pouvons voir que le monde se dirige vers l'anéantissement final. Il y aura probablement un jour une guerre nucléaire. Certains chantent : « *Il a le monde entier entre Ses mains* ». Je ne crois pas que ce soit vrai. Si le Seigneur avait le monde entier entre Ses mains, le monde ne serait pas dans la pagaille où il est. Si Jésus dirigeait ce monde, il n'y aurait pas de guerre au Rwanda, au Burundi, en Angola, en Éthiopie, en Érythrée, en République centrafricaine, au Libéria, en Sierra Leone, en République démocratique du Congo, au Congo Brazzaville, en Bosnie, en Afghanistan, en Israël, en Palestine, et la liste continue !

Si Jésus contrôlait ce monde, il n'y aurait pas une telle injustice et une telle méchanceté dans le monde entier. La Bible nous dit clairement que Satan est le dieu de ce monde.

Pour les incrédules dont le dieu de ce siècle a aveuglé l'intelligence, afin qu'ils ne vissent pas briller la splendeur de l'Évangile de la gloire de Christ, qui est l'image de Dieu.

2 Corinthiens 4,4

Pour une raison ou une autre, Satan semble avoir le contrôle juridique sur les nations de la terre. **Avant que Dieu ne puisse intervenir dans les affaires des hommes, Il doit être invité par un citoyen légitime de ce monde.** Vous et moi sommes des membres légitimes de la communauté mondiale. Si le Seigneur s'implique sans invitation juridique, Satan peut L'accuser de prendre le pouvoir de façon illégale, comme cela est arrivé en Irak et au Koweït.

Dieu attend notre invitation par la prière. Quand nous L'invitons à construire nos nations dans la liberté, la justice et la paix, Il fera exactement cela. À chaque fois que les chrétiens prient pour les dirigeants, il y a un changement.

Un jour, le roi de l'époque prit la femme d'Abraham de façon illégale. Dieu apparut au roi Abimélec et lui dit : « Tu es un homme mort. Tu as pris pour toi la femme d'un autre ». Le roi eut peur ; il pensait qu'il allait mourir. Mais Dieu lui dit : « Dis à Abraham de prier pour toi ».

Maintenant, rends la femme de cet homme ; car il est prophète, il [Abraham] priera pour toi, et tu vivras. Mais, si tu ne la rends pas, sache que tu mourras, toi et tout ce qui t'appartient.

Genèse 20,7

Pourquoi Dieu ne délivra-t-Il pas Abimélec tout de suite ? Après tout, Il connaissait la prière qu'Abraham allait faire. Mais non, Dieu doit attendre l'invitation des hommes avant de s'impliquer dans les affaires de ce monde.

Il y a trois raisons principales pour lesquelles nous devons prier pour les personnes en position d'autorité. Tout d'abord, nous devons prier pour que les décisions de la nation ne soient pas uniquement fondées sur les désirs égoïstes et politiques. La deuxième raison est que la nature de tous les hommes est de saisir et de prendre autant qu'ils le peuvent. Nous devons prier contre la corruption. Troisièmement, nous devons prier pour la paix et la liberté, pour que nous puissions accomplir nos devoirs de chrétiens sans aucun obstacle. Nous devons prier pour que nos dirigeants aiment vraiment la nation. Comment savez-vous quand un dirigeant aime la nation ?

Car il aime notre nation, et c'est lui qui a bâti notre synagogue.

Luc 7, 5

Quand un dirigeant aime la nation, il construira la nation et pas sa fortune personnelle. Si vous ne priez pas pour ceux qui ont de l'autorité sur vous, votre vie peut devenir frustrée. La Bible nous dit que le cœur du roi est dans la main du Seigneur, et Il le transforme comme il veut.

Le cœur du roi est un courant d'eau dans la main de l'Éternel ; Il l'incline partout où il veut.

Proverbes 21,1

Au chapitre 40 de la Genèse, vous trouverez une histoire très intéressante. Il y avait un roi qui avait un échanson et un panetier. L'échanson était chargé de tout dans la maison. Le panetier faisait des biscuits, des gâteaux et des tartes que le roi aimait manger. Quelque chose arriva au lieu de travail, et le roi fut en colère à la fois contre l'échanson et le panetier. Dans sa colère, il les fit jeter en prison. Ils y eurent tous deux un rêve que Joseph (qui avait été emprisonné à tort) interpréta. Il prédit que l'échanson serait rétabli et que le panetier perdrait sa vie.

Maintenant, comprenez bien que tant l'échanson que le panetier étaient en difficulté. Leur vie dépendait de celui à qui ils avaient déplu. Tout dépendait de la façon dont Pharaon pensait. Selon sa décision, quelqu'un vivrait ou mourrait. Dans ce cas particulier, le panetier mourut, tout comme Joseph l'avait prédit. **Il y a des moments où votre vie dépend de ce que quelqu'un pense de vous !**

Plus vous priez la prière de Timothée, plus les pensées de votre patron seront favorables à votre égard. Je vous vois avoir de la faveur dans tout ce que vous faites ! Je vois le cœur du roi ayant pitié de vous !

Beaucoup de jeunes doivent prier pour leur père, pour avoir la faveur de Dieu. Je me souviens quand j'étais à l'université, je demandai une voiture à mon père. Je me rendis compte que mon père dépensait beaucoup d'argent dans les courses de chevaux. Vous savez, mon père avait l'une des plus grandes écuries de courses de chevaux du pays. Il employait beaucoup de gens et achetait des chevaux dans toute l'Afrique occidentale. Je me dis : « Si mon père le veut, il peut m'acheter une voiture toute neuve ».

Mon père décida un jour de m'acheter une voiture. Mes prières pour lui poussèrent le Seigneur à tourner son cœur en ma faveur. Je reçus une voiture toute neuve quand j'étais en cinquième année d'école de médecine. Je me réjouis et utilisai cette voiture pour la gloire de Dieu. J'étais le premier membre de l'Église Internationale le Phare à posséder une voiture. Ma voiture devint le bus et le taxi de l'église. Et j'étais heureux de le faire, parce que je savais que le Seigneur l'avait fourni. Dieu peut vous bénir à travers ceux qui ont de l'autorité sur vous.

Quand vous priez pour eux, Dieu vous donnera de la faveur ! Les choses changent en votre faveur ! Je vois Dieu tourner le cœur de chaque roi dans votre vie ! Ils décideront de ne plus vous tuer. Ils décideront que vous devez vivre ! Je vois beaucoup de bénédictions se lever et vous envelopper ! **Alors que vous priez pour les pères, les chefs et les présidents, vous ferez l'expérience de la piété, de la paix et de la tranquillité.**

À partir d'aujourd'hui, toute femme qui prie pour son mari connaîtra le calme dans sa maison ! À partir de maintenant, votre mari « incroyant » vous permettra d'aller à l'église ! Il ne va pas vous empêcher d'aller à des vigiles de prière. Il ne s'opposera plus à votre vie chrétienne, parce que vous priez pour lui !

CHAPITRE 7

Comment prier avec toutes sortes de prières

Faites en tout temps par l'Esprit toutes sortes de prières et de supplications. Veillez à cela avec une entière persévérance, et priez pour tous les saints.

Éphésiens 6,18

Il y a différentes sortes de prière ; pour tous les gouts et toutes les couleurs, comme on dit. Il y a différentes sortes de prières qui doivent être utilisées pour différentes sortes de situations. Dans cette vie, vous ferez l'expérience d'une grande variété de situations. Heureusement, Dieu nous a donné une grande variété de sortes de prière. Penchons-nous sur quelques unes d'entre elles.

Huit différentes sortes de prières

1. La prière de consécration

Dans cette sorte de prière, vous vous offrez au Seigneur pour que Sa volonté parfaite soit faite. Dieu aime que Ses enfants désirent que Sa volonté soit faite.

Si vous dites cette prière de consécration, Dieu sera plus enclin à écouter vos autres prières. Certains ne connaissent que des prières du genre « donne-moi, donne-moi, donne-moi ». Il y a des moments où Dieu n'a pas envie de répondre à de telles prières. Il veut entendre une prière de consécration.

Apprenez à passer des heures en demandant au Seigneur que Sa volonté soit faite. Jésus pria au jardin de Gethsémane pendant trois heures. Il n'avait qu'un seul sujet de prière. Il n'a pas prié pour dix-sept choses différentes.

...et pria ainsi : Mon Père, s'il est possible, que cette coupe s'éloigne de moi ! Toutefois, non pas ce que je veux, mais ce que tu veux.

Matthieu 26,39

Chaque chrétien doit avoir la prière de consécration comme l'un de ses sujets de prière. Priez pour que Dieu exécute Sa volonté dans votre vie. Ce sujet de prière met tous les autres sujets de prière dans leur juste perspective. C'est pourquoi je l'ai mentionnée comme la première sorte de prières que vous avez besoin de dire.

2. Prier dans l'Esprit

Pour vous, bien-aimés, vous édifiant vous-mêmes sur votre très sainte foi, et priant par le Saint Esprit.

Jude 20

Que veut dire prier dans l'Esprit ? La réponse est dans la Bible.

En effet, celui qui parle en langue ne parle pas aux hommes, mais à Dieu, car personne ne le comprend, et c'est en esprit qu'il dit des mystères.

1 Corinthiens 14,2

Chaque chrétien peut parler à Dieu en mystères. Prier en langues c'est prier dans l'Esprit. Dieu veut que vous priiez en langues. Un grand pourcentage de ma prière est de la prière « dans l'Esprit ». Je peux vous donner beaucoup de raisons pour lesquelles vous devriez prier en langues. L'une des raisons est que, lorsque vous priez dans l'Esprit, Dieu Lui-même dirige votre prière. Il vous conduit à Lui demander ce qui est nécessaire. Au chapitre deux des Actes, la Bible dit que l'Esprit leur donnait les paroles quand ils parlaient en langues. Quand l'Esprit vous donne les paroles, cela veut dire que l'Esprit vous donne les mots à dire. Quoi de mieux pourriez-vous avoir ?

Une autre raison importante pour laquelle vous devriez prier dans l'Esprit, est qu'elle vous édifie. 1 Corinthiens 14,4 nous dit que celui qui parle une langue inconnue s'édifie lui-même. Le mot édifier évoque le fait de vous vous recharger comme on recharge la batterie d'une voiture. Nous avons tous besoin d'être régulièrement rechargés spirituellement.

3. La prière de la foi

La prière de la foi sauvera le malade…

Jacques 5,15

La prière de la foi est une prière qui a une grande expression de foi. Dans Marc 11,24, la Bible nous enseigne à croire que nous avons déjà reçu ce pour quoi nous avons prié. Croire que vous avez déjà reçu est différent de croire que vous le recevrez un jour.

Les prières de la foi sont particulièrement efficaces contre les maux et les maladies. Comme je l'ai dit précédemment, différentes sortes de prière peuvent être utilisées pour résoudre des problèmes différents.

4. La prière de confession des péchés

Il est important que nous confessions régulièrement nos péchés. La prière qui n'inclut pas la prière pour le pardon est insuffisante. Nous devons toujours demander la miséricorde. Nous devons prier pour elle ! Si nous disons que nous sommes parfaits, nous nous séduisons stupidement.

Si nous disons que nous n'avons pas de péché, nous nous séduisons nous-mêmes, et la vérité n'est point en nous.

1 Jean 1, 8

5. La prière courte et puissante

Après avoir renvoyé la foule, ils l'emmenèrent dans la barque où il se trouvait ; il y avait aussi d'autres barques avec lui. Il s'éleva un grand tourbillon, et les flots se jetaient dans la barque, au point qu'elle se remplissait déjà.

Et lui, il dormait à la poupe sur le coussin. Ils le réveillèrent, et lui dirent : Maître, ne t'inquiètes-tu pas de ce que nous périssons ? S'étant réveillé, il menaça le vent, et dit à la mer : Silence ! Tais-toi ! Et le vent cessa, et il y eut un grand calme.

Marc 4,36-39

Dans ce passage, Jésus se trouva Lui-même dans une situation de crise. Lui et ses disciples furent pris au milieu d'une tempête extrêmement dangereuse, et leurs vies mêmes étaient menacées. Il n'y avait pas de temps pour trouver un endroit tranquille où prier pour que la main de Dieu agisse en leur nom. Il dit juste une prière courte mais puissante, et la tempête cessa !

Dans Jean 11,41-42 aussi, Jésus rencontra une autre situation exigeant une réponse immédiate. Il avait besoin d'un miracle pour les amis de sa famille. Son vieil ami Lazare était mort depuis quatre jours. Tout le monde se tournait vers lui. Pourrait-Il s'en aller et prier pendant trois heures ? La réponse est non !

Il dut dire une prière courte et Il avait besoin de résultats immédiats. Écoutez Sa prière :

...Et Jésus leva les yeux en haut, et dit : Père, je te rends grâces de ce que tu m'as exaucé. Pour moi, je savais que tu m'exauces toujours ; mais j'ai parlé à cause de la foule qui m'entoure, afin qu'ils croient que c'est toi qui m'as envoyé.

Jean 11,41-42

Ces sortes de prières sont très utiles quand vous êtes confrontés avec une situation de crise. Il n'y a pas de temps pour se retirer et prier. Dites une prière courte et puissante quand vous avez besoin et croyez que Dieu vous a entendu. Après la prière courte et puissante, agissez avec audace, tout comme Jésus ! Vous aurez des résultats à cent pour cent.

6. La longue prière

Il y a des moments où il est important de passer beaucoup de temps dans la prière. Jésus a très souvent fait cela.

En ce temps-là, Jésus se rendit sur la montagne pour prier, et il passa toute la nuit à prier Dieu.

Luc 6,12

Vers le matin, pendant qu'il faisait encore très sombre, il se leva, et sortit pour aller dans un lieu désert, où il pria.

Marc 1,35

Vous remarquerez que dans les deux cas, Jésus passa de longues heures à prier. Un grand temps est longtemps. Toute la nuit est aussi un long moment. Développez l'art de prier pendant plusieurs heures. Commencez par une heure et passer à trois heures. Puis passez petit à petit à cinq et sept heures !

Apprenez à prier toute la journée et toute la nuit. Vous ferez l'expérience de cent pour cent de réponses à vos prières. Il y a des moments où vous avez besoin de passer de nombreuses heures dans la prière.

Si Jésus dut prier pendant de longues heures, alors vous le devrez aussi. Il y a des moments où vous n'avez pas à changer de sujet de prière. Vous pouvez prier sur le même sujet pendant des heures. Jésus l'a fait ! Ce n'est pas de la répétition inutile, c'est prier comme Jésus.

7. Les prières à haute voix

C'est lui qui, dans les jours de sa chair, ayant présenté avec de grands cris et avec larmes des prières et des supplications à celui qui pouvait le sauver de la mort, et ayant été exaucé à cause de sa piété.

Hébreux 5,7

Jésus pria avec de grands cris et donc vous le pouvez aussi. Il y a une différence entre la méditation et la prière. Certains prétendent prier dans leur esprit. Quelle est la différence entre prier dans votre esprit et méditer ? Je pense qu'il n'y a pas de différence ! Je ne dis pas que vous devez toujours crier quand vous priez. Quatre-vingt dix pour cent du temps, vous ne pouvez pas m'entendre quand je prie. Je prie d'habitude en silence. Mais il y a des moments où je prie avec de grands cris et des larmes. C'est une dimension que vous devez pénétrer. Il y a certaines choses qui n'arriveront dans votre vie que quand vous prierez comme Jésus.

8. La prière d'action de grâces

Rendez grâces en toutes choses, car c'est à votre égard la volonté de Dieu en Jésus Christ.

1 Thessaloniciens 5,18

Dieu veut que nous rendions grâce. En dehors des prières habituelles à la « Donne-moi, donne-moi, donne-moi », Dieu aimerait entendre d'autres sortes de prières. Il aimerait vous entendre dire « merci ». Découvrez la puissance dans le fait de remercier le Seigneur. En Le remerciant, vous ferez l'expérience de nombreuses percées.

Paul et Silas étaient en prison, mais ils priaient et louaient le Seigneur à minuit. Ils rendaient grâces à Dieu à minuit. Il y eut soudain un tremblement de terre et leurs chaînes furent brisées. C'est la puissance de la prière d'action de grâces. Même aux moments les plus sombres de votre vie, une prière d'action de grâces est appropriée. Il y a des moments où ce sera la sorte de prière la plus puissante que vous puissiez offrir. C'est la prière qui mène aux tremblements de terre et aux chaînes brisées. Passez à cette sorte de prière et faites l'expérience de la percée de Dieu dans votre vie.

Aucunes ténèbres ne peuvent vous abattre. Aucun « minuit » ne peut vous tenir enchaîné quand vous apprenez à rendre grâces.

C'est ma prière que votre vie de prière s'élève vers le domaine des prières exaucées. Dieu est votre Père céleste. Il doit répondre à vos prières. En fait, Il aime répondre à vos prières ! C'est maintenant votre heure pour obtenir des réponses à toutes vos prières. Dieu exécutera en effet tout ce qu'Il a dit.

CHAPITRE 8

Dieu exauce-t-Il toutes nos prières ?

Il y a des versets bibliques qui donnent l'impression que Dieu répond à toutes les prières. Mais il est évident que Dieu ne répond pas à toutes les prières. Il est important de considérer le contexte plus large de la Bible pour comprendre si et comment Dieu répond aux prières. Les versets suivants donnent l'impression que Dieu répond à chaque prière.

La plus grande leçon que nous puissions apprendre de ces versets est peut-être que Dieu veut répondre à toutes nos prières à cent pourcent. Ce doit être notre objectif. Nous devons aspirer le meilleur de Dieu : pour avoir cent pourcent de nos prières exaucées. Mais il y a des conditions pour que les prières soient exaucées et dans le chapitre suivant, nous allons considérer douze conditions très importantes pour que vous obteniez des réponses à toutes vos prières. Remarquez les passages qui promettent fortement des réponses à nos prières.

Tout ce que vous demanderez avec foi par la prière, vous le recevrez.

Matthieu 21,22

Et tout ce que vous demanderez en mon nom, je le ferai, afin que le Père soit glorifié dans le Fils. Si vous demandez quelque chose en mon nom, je le ferai.

Jean 14,13-14

Ce n'est pas vous qui m'avez choisi ; mais moi, je vous ai choisis, et je vous ai établis, afin que vous alliez, et que vous portiez du fruit, et que votre fruit demeure, afin que ce que vous demanderez au Père en mon nom, il vous le donne.

Jean 15,16

En ce jour-là, vous ne m'interrogerez plus sur rien. En vérité, en vérité, je vous le dis, ce que vous demanderez au Père, il vous le donnera en mon nom.

Jusqu'à présent vous n'avez rien demandé en mon nom. Demandez, et vous recevrez, afin que votre joie soit parfaite.

Jean 16,23-24

Je vous le dis en vérité, si quelqu'un dit à cette montagne : Ôte-toi de là et jette-toi dans la mer, et s'il ne doute point en son cœur, mais croit que ce qu'il dit arrive, il le verra s'accomplir.

C'est pourquoi je vous dis : Tout ce que vous demanderez en priant, croyez que vous l'avez reçu, et vous le verrez s'accomplir.

Marc 11,23-24

CHAPITRE 9

Douze étapes pour une prière exaucée à cent pour cent

L a prière est un privilège que Dieu a donné à Ses enfants. Nous pouvons parler à notre Père céleste et recevoir des réponses directement. Je me rends compte, à partir de l'attitude de beaucoup de chrétiens, qu'ils ne croient pas que Dieu réponde vraiment à la prière. Mais pourquoi prier si vous n'obtenez pas de résultats ? Je crois que vous pouvez avoir des résultats à cent pour cent chaque fois que vous priez.

Pourquoi prier si vous ne recevrez pas de réponse ? Beaucoup de gens considèrent la prière comme une sorte de routine religieuse qu'ils doivent accomplir. La Parole de Dieu nous garantit des résultats à cent pour cent chaque fois que nous prions. Si vous lisez de près les Écritures qui parlent de la prière, vous découvrirez que Jésus n'a pas dit que nous obtiendrons peut-être (peut-être, c'est possible, un de ces jours, toutes choses considérées) une réponse à nos prières. Il a dit que *oui,* nous obtiendrons une réponse !

J'ai écrit ce livre pour vous ! Je veux que vous receviez des résultats à cent pour cent chaque fois que vous priez. Si c'est vrai, c'est vrai ! Si ce n'est pas vrai, ce n'est pas vrai ! Si Dieu existe, alors Il *peut* répondre à votre prière.

Dieu existe-t-Il ? Est-Il réel ? Peut-Il entendre ? Est-Il sourd ? Je suis sûr que vous connaissez les réponses à ces questions. Dieu est bien vivant et Il veut vous bénir.

Si mon Dieu était un morceau de bois ou une pierre, je ne Le servirais pas. Nous n'adorons pas le soleil, ni la lune ou les fleuves. Nous adorons un Dieu vivant qui a le pouvoir de sauver et de délivrer.

Un jour, Élie a lancé un défi aux faux prophètes de Baal. Il leur dit : « Ça ne sert à rien de servir un dieu qui n'est pas disponible. Notre Dieu est vivant ou Il est mort ».

... Élie se moqua d'eux, et dit : Criez à haute voix, puisqu'il est dieu ; il pense à quelque chose, ou il est occupé [aux toilettes !], ou il est en voyage ; peut-être qu'il dort, et il se réveillera.

1 Rois 18,27

Le dieu n'a rien dit !

Il y a quelques années, un de mes amis se rendit dans une ville située à une centaine de kilomètres d'Accra, la capitale du Ghana. Il accompagnait ses parents dans leur ville natale. Alors qu'il était en ville, il eut envie d'uriner. Malheureusement, il n'y avait pas de toilettes appropriées ; il alla donc dans un espace ouvert pour se soulager. Alors qu'il urinait, il entendit des cris et des hurlements derrière lui. Comme il avait commencé d'uriner, il devait finir. Puis il se retourna et fit face à la colère de certains résidents locaux.

« Que faites-vous ? » , s'écrièrent-ils. « Comment pouvez-vous faire ça ? »

Ils poursuivirent : « Vous urinez sur notre *dieu* ! Ne savez-vous pas que la pierre sur laquelle vous urinez est notre *dieu* ? »

Ce jeune homme se confondit en excuses, mais il ne pouvait rien y faire. Il avait déjà aspergé leur *dieu* de son urine !

Quand j'entendis cette histoire, je me dis : « Si vous êtes un dieu, ne pouvez-vous pas dire quelque chose quand les gens urinent sur vous ? Est-ce que vous ne pouvez pas protester contre la première goutte d'urine ? Si vous êtes un dieu, dites au moins quelque chose quand quelqu'un urine sur vous ! »

Qu'est-ce que j'essaie de dire ? Si Dieu est vivant, alors Il doit pouvoir vous répondre. Il nous a donné Sa Parole et Il a promis de répondre à nos prières à chaque fois.

Il m'invoquera, et je lui répondrai.

Psaume 91,15

Alors tu appelleras, et l'Éternel répondra...

Ésaïe 58,9

Ces Écritures nous disent que Dieu nous répondra. Dieu répondra ! Comment peut-on être plus précis ? Soit la Bible est vraie soit elle n'est pas vraie. Soit vous y croyez soit vous n'y croyez pas ! Jésus a dit :

Et moi, je vous dis : Demandez, et l'on vous donnera ; cherchez, et vous trouverez ; frappez, et l'on vous ouvrira.

Luc 11,9

Aucun mot n'exprime une affirmation plus forte que le futur simple. Je vois Dieu répondre à vos prières en ce moment ! Quand vous aurez fini de lire ce chapitre, vous aller recevoir des réponses à toutes vos prières à cent pour cent.

1. LA PREMIÈRE ÉTAPE VERS LA PRIÈRE EXAUCÉE À CENT POUR CENT EST : APPRENEZ À PRIER POUR VOUS-MÊME SANS AVOIR BESOIN QUE QUELQU'UN D'AUTRE PRIE POUR VOUS.

Jésus nous a enseigné à prier notre Père céleste. Beaucoup de gens ne savent pas prier pour eux-mêmes. Ils veulent que quelqu'un d'autre prie pour eux. Ils demandent au pasteur de prier pour eux. Ils s'agenouillent devant les prophètes et demandent des prières spéciales. *Il n'y a rien de mal à avoir quelqu'un qui prie pour vous. Mais Dieu veut que vous appreniez à prier pour vous-même !*

Il y a des pasteurs qui se confient à des guerriers de la prière. Ils dépendent sur d'autres personnes pour prier pour eux. Mais vous devez considérer le soutien de prière d'amis et de guerriers de la prière comme un bonus supplémentaire. Si cela se produit, très bien ! Si ce n'est pas le cas, très bien ! Vous ne pouvez pas en dépendre.

Votre vie chrétienne ne doit pas dépendre des prières d'une autre personne. Jésus a dit : « *Vous* demanderez au Père ». *Vous* êtes censé pouvoir prier vous-même. Rappelez-vous que les prières d'un homme juste ont une grande efficacité (Jacques 5,16). Vous êtes la justice de Dieu en Christ (2 Corinthiens 5,21). Vous êtes juste ! Vous êtes assez juste pour obtenir des résultats pour vos prières ! Commencez à prier pour vous maintenant ! Ne comptez pas uniquement sur votre pasteur. Il peut être en train de ronfler quand vous pensez qu'il prie pour vous !

2. *LA SECONDE ÉTAPE VERS LA PRIÈRE EXAUCÉE À CENT POUR CENT EST : PRIEZ VOTRE PÈRE CÉLESTE ET PERSONNE D'AUTRE.*

En ce jour-là, vous ne m'interrogerez plus sur rien...

Jean 16,23

Jésus a dit qu'en ce jour-là, nous ne *L'*interrogerons plus sur rien. Quel jour est ce jour-*là* ? Jésus parlait de la période où Il ne serait plus avec les disciples. Jésus nous invitait de prier le Père céleste Lui-même. Y a-t-il une différence entre prier Jésus et prier le Père céleste ? Il doit y en avoir une, sinon Jésus ne nous aurait pas dit cela !

Si vous voulez des résultats à cent pour cent, faites ce que Jésus a dit que vous devriez faire. Commencez votre prière en disant : « Notre Père » , « Père céleste » , « Cher Père » , ou « Père qui es aux cieux », etc. Vous commencerez à faire l'expérience de meilleurs résultats.

Ne priez pas une servante

Certains prient Marie. J'avais l'habitude de fréquenter une église qui priait Marie. En fait, je priais moi-même Marie presque tous les jours. Je pense que notre sainte mère Marie doit se demander pourquoi les gens la prient. Je suis sûr qu'elle se demande : « *Qu'est-ce que je peux faire pour ces gens ? Je suis une simple mortelle comme eux tous* ». Marie elle-même a dit qu'elle était une simple servante du Seigneur.

Marie dit : Je suis la servante du Seigneur ; qu'il me soit fait selon ta parole.

Luc 1,38

Pourquoi prieriez-vous une servante ? Jésus ne nous a pas enseigné à prier Sa mère. Il nous a enseigné à prier Son Père. Il y a une grande différence ! Je peux comprendre comment notre sainte mère Marie est respectée pour le rôle qu'elle a joué en mettant Jésus au monde. **C'était une grande femme et un vaisseau très spécial. Je la respecte et l'admire vraiment.** Mais je ne peux pas la prier.

Je ne crois pas qu'elle puisse faire quelque chose pour moi maintenant. Je prierai mon Père céleste et je recevrai des résultats à cent pour cent, au nom de Jésus.

3. *LA TROISIÈME ÉTAPE VERS LA PRIÈRE EXAUCÉE À CENT POUR CENT EST : PRIEZ AU NOM DE JÉSUS.*

Malheureusement, beaucoup de gens utilisent le nom de Jésus comme une exclamation ou un gros mot. Cela a amené des chrétiens à perdre tout respect pour la puissance du nom de Jésus. Je vous annonce qu'il y a de la puissance dans le nom de Jésus ! Votre Père céleste répond quand Il entend le nom de Jésus.

...En vérité, en vérité, je vous le dis, ce que vous demanderez au Père, il vous le donnera en mon nom.

Jean 16,23

Dans mon église, il y a des gens qui essaient d'utiliser mon nom pour obtenir certaines choses. Ils savent que la mention de mon nom dans notre organisation conduira à des résultats rapides. J'ai souvent entendu dire : « L'évêque a dit : 'ceci et cela' ». Pourquoi les gens se servent-ils de noms ? C'est parce que les noms ont du pouvoir.

L'utilisation d'un nom mène à des résultats rapides. Au nom de Jésus, tout genou fléchira. Les démons réagissent au nom de Jésus. La maladie réagit au nom de Jésus. Satan s'inclinera devant le nom de Jésus. Il y a de la puissance dans ce nom. Dans le livre des Actes, nous voyons comment le nom de Jésus guérit un homme.

Sachez-le tous, et que tout le peuple d'Israël le sache ! C'est par le nom de Jésus Christ de Nazareth… que cet homme se présente en pleine santé devant vous.

Actes 4,10

Mais ce ne sont pas seulement les mauvaises choses qui répondent au nom de Jésus. Notre Père céleste Lui-même répond au nom de Jésus. Jésus nous a dit d'utiliser le « nom de Jésus » pour obtenir des réponses du Père. Jésus nous a dit d'utiliser Son nom pour obtenir des résultats dans la prière.

À partir d'aujourd'hui, à chaque fois que vous priez, utilisez le nom de Jésus, non seulement comme un rituel, mais aussi comme une clé essentielle pour recevoir vos bénédictions du Ciel.

4. *LA QUATRIÈME ÉTAPE VERS LA PRIÈRE EXAUCÉE À CENT POUR CENT EST : CONFESSEZ VOS PÉCHÉS.*

Si nous disons que nous n'avons pas de péché, nous nous séduisons nous-mêmes, et la vérité n'est point en nous.

1 Jean 1,8

S'approcher de Dieu sans la conscience de votre péché est une erreur. Une Écriture très importante à se rappeler se trouve dans Ésaïe.

Non, la main de L'ÉTERNEL n'est pas trop courte pour sauver, ni son oreille trop dure pour entendre. Mais ce sont vos crimes qui mettent une séparation entre vous et votre Dieu ; ce sont vos péchés qui vous cachent Sa face et l'empêchent de vous écouter.

Ésaïe 59,1-2

Dieu est coupé de nos vies à cause du péché. L'une des premières choses que vous devez faire quand vous priez est de confesser vos péchés, à la fois ceux que vous connaissez et ceux dont vous n'avez pas conscience. Né laissez pas vos fautes vous séparer de Dieu. Dieu pourra vous atteindre quand le sang de Jésus vous aura purifié.

5. *LA CINQUIÈME ÉTAPE VERS LA PRIÈRE EXAUCÉE À CENT POUR CENT EST : DEMEUREZ EN CHRIST.*

Si vous demeurez en moi, et que mes paroles demeurent en vous, demandez ce que vous voudrez, et cela vous sera accordé.

Jean 15,7

Demeurer en Christ est une clé importante pour recevoir toute sorte de réponse du Seigneur. Si vous ne restez pas à la maison, ne vous attendez pas à ce que Dieu réponde à vos prières. Une prière exaucée à cent pour cent est pour ceux qui demeurent en Christ et dans Son église. Quand vous vous éloignez de Dieu, vous devenez comme le fils prodigue. Vous êtes loin de votre Père. Le fils prodigue n'est pas resté à la maison.

Il partit vivre dans un pays lointain. Il fréquenta des prostituées et mangea avec des porcs. La seule aide qu'il pouvait obtenir venait des porcs ! Il « demanda » donc à manger « aux porcs ». Les porcs éprouvèrent de la compassion pour le fils prodigue et ils lui donnèrent de leur nourriture. Même si son père avait voulu lui donner à manger, il n'avait aucun moyen de le faire. Il était tout simplement hors de la portée de son père. Le fils prodigue finit par se trouver aux mains d'un homme qui le fit travailler avec des porcs.

Quand vous ne restez pas à la maison, vous vous retrouverez avec les porcs. Alors que vous lisez ce livre, vous vous rendez peut-être compte qu'être loin de Dieu ne vous a pas aidé. Il est temps de rentrer à la maison. Rester en communion est une clé importante pour recevoir les bénédictions du Seigneur.

Mais si nous marchons dans la lumière, comme il est lui-même dans la lumière, nous sommes mutuellement en communion...

1 Jean 1,7

Il y a des gens qui pensent qu'ils peuvent être de bons chrétiens sans aller à l'église. Vous vous trompez ! Si vous marchez dans la lumière, vous serez en communion avec d'autres personnes qui sont dans la lumière. C'est ce que vous dit ce passage. Êtes-vous dans les ténèbres ou dans la lumière ? Si vous êtes dans la lumière, vous irez à l'église et serez en communion avec d'autres chrétiens.

6. LA SIXIÈME ÉTAPE VERS LA PRIÈRE EXAUCÉE À CENT POUR CENT EST : QUE LA PAROLE DE DIEU DEMEURE EN VOUS.

Il est important que la Parole de Dieu soit en vous. Dieu ne fait rien en dehors de Sa Parole. La Parole de Dieu vous orientera dans votre relation avec Lui. La Parole de Dieu vous dirige dans la prière. Dieu ne veut pas répondre aux prières insensées ; Il ne fait rien contre sa Parole. Si vous voulez obtenir des réponses à cent pour cent à vos prières, demeurez dans la Parole.

Affermis mes pas dans ta parole, et ne laisse aucune iniquité dominer sur moi.

Psaumes 119,133

7. LA SEPTIÈME ÉTAPE VERS LA PRIÈRE EXAUCÉE À CENT POUR CENT EST : OBÉIR AUX COMMANDEMENTS DU SEIGNEUR.

Quoi que ce soit que nous demandions, nous le recevons de lui, parce que nous gardons ses commandements et que nous faisons ce qui lui est agréable.

1 Jean 3,22

Cette Écriture est très claire. Dieu répond aux prières de ceux qui Lui obéissent. Si vous vivez une vie de désobéissance, Dieu n'honorera pas vos prières. Si vous aviez un fils désobéissant qui ne vous plaisait pas, est-ce que vous lui donneriez tout ce qu'il demande ? Certainement pas ! Votre Père céleste ne répond pas non plus aux prières des enfants désobéissants. Si Dieu vous a appelé au ministère, obéissez-Lui ! Votre obéissance ouvre la porte aux réponses à vos prières.

Il est clair que Dieu répond aux prières des justes. Devenez juste, et Dieu répondra à vos prières.

Confessez donc vos péchés les uns aux autres, et priez les uns pour les autres, afin que vous soyez guéris. LA PRIÈRE fervente DU JUSTE A UNE GRANDE EFFICACITÉ.

Jacques 5,16

8. *LA HUITIÈME ÉTAPE VERS LA PRIÈRE EXAUCÉE À CENT POUR CENT EST : SOYEZ UN CHRÉTIEN QUI PORTE DU FRUIT.*

Ce n'est pas vous qui m'avez choisi ; mais moi, je vous ai choisis, et je vous ai établis, afin que vous alliez, et que vous portiez du fruit, et que votre fruit demeure, afin que ce que vous demanderez au Père en mon nom, il vous le donne.

Jean 15,16

Dieu a fait le lien entre la prière exaucée et le fait de porter du fruit. Cette Écriture prouve que la prière exaucée est directement en rapport avec les fruits d'une personne.

Si vous êtes un chrétien né de nouveau, la seule raison pour laquelle vous restez en vie est que vous puissiez porter du fruit. Après tout, le Ciel est garanti.

Vous avez une place au Ciel après être né de nouveau. De quoi d'autre avez-vous besoin ? Les trésors terrestres sont passagers et inutiles. Nous restons en vie sur cette terre pour que nous puissions gagner des âmes pour Lui. Dieu veut que tous les chrétiens portent du fruit.

Une chose que beaucoup de chrétiens ne savent pas, c'est que Dieu a fait le lien entre le fait de porter du fruit et la prière exaucée. L'Écriture ci-dessus est très claire !

Dieu sera heureux de répondre à la prière de quelqu'un qui porte du fruit. Que faites-vous pour Dieu ? Quels fruits portez-vous ? Si vous restez assis dans une stérilité spirituelle, en voulant juste que Dieu réponde à vos prières, vous pouvez attendre éternellement. Certains savent juste dire : « Donne-moi ! Donne-moi ! Donne-moi ! » Mais en quoi contribuez-vous au royaume de Dieu ?

Il y a un lien entre la prière exaucée et le fait de porter du fruit. Recevez cette révélation dans votre esprit et commencez à porter du fruit dès aujourd'hui. Faites quelque chose dans votre église. Ne vous contentez pas de rester là à regarder. Arrêtez d'être observateur. Il n'y a pas de bénédiction pour les spectateurs ou les commentateurs. Les bénédictions de la prière exaucée à cent pour cent sont pour les chrétiens qui portent du fruit.

9. *LA NEUVIÈME ÉTAPE VERS LA PRIÈRE EXAUCÉE À CENT POUR CENT EST : AYEZ FOI CHAQUE FOIS QUE VOUS PRIEZ.*

C'est pourquoi je vous dis : Tout ce que vous demanderez en priant, croyez que vous l'avez reçu, et vous le verrez s'accomplir.

Marc 11,24

Jésus a enseigné de grandes leçons sur la foi tout au long de Son ministère. Il a souvent souligné que les gens étaient bénis parce qu'ils utilisaient la foi.

Et mon juste vivra par la foi ; mais, s'il se retire, mon âme ne prend pas plaisir en lui.

Hébreux 10,38

Dieu dit que si vous vous détournez de la foi, Il ne sera pas content avec vous. Il y en a qui pensent que la foi n'est pas si importante. Ils ont tendance à se détourner du message de la foi et des gens qui ont la foi. Ils pensent qu'il faut plutôt mettre l'accent sur la patience, la douceur, la sainteté et sur les autres qualités des fruits de l'Esprit.

Je crois fermement que ces qualités sont importantes et qu'elles jouent un rôle spécial dans la vie chrétienne. L'importance du fruit de l'Esprit dans l'expérience chrétienne ne doit cependant pas nous faire minimiser l'importance de quelque chose comme la foi. Le fait que le cœur est important ne rend pas les reins moins importants. Les deux sont nécessaires, et ont des rôles spéciaux et uniques à jouer.

La foi est une vertu très spéciale qui a un rôle dans la vie de tout chrétien. La Bible dit que sans la foi il est impossible d'être agréable à Dieu.

Or sans la foi il est impossible de lui être agréable ; car il faut que celui qui s'approche de Dieu croie que Dieu existe, et qu'il est le rémunérateur de ceux qui le cherchent.

Hébreux 11,6

Il est intéressant de noter que la Parole de Dieu ne dit pas : « Sans amour, il est impossible de plaire à Dieu ». La Bible ne dit pas : « Sans la paix, il est impossible de plaire à Dieu ». La Bible est très claire sur ce fait : SANS LA FOI IL EST *IMPOSSIBLE* d'être agréable À DIEU !

La foi d'Abraham en Dieu fut considérée comme un acte de justice. Abraham crut qu'El Shaddai pourrait lui donner un enfant à un âge avancé. Abraham avait ses défauts. Il mentit à propos de sa femme et la livra deux fois à des rois incroyants pour leur plaisir. Malgré ses mensonges et sa lâcheté, Dieu était très content d'Abraham parce qu'il avait la foi.

Peut-être que selon vos normes, Abraham aurait été disqualifié. Mais il fut un grand homme aux yeux de Dieu. Sa grandeur fut le résultat de sa foi.

Et ayant la pleine conviction que ce qu'il promet il peut aussi l'accomplir. C'est pourquoi CELA LUI FUT IMPUTÉ À JUSTICE.

Romains 4,21-22

Dieu est heureux, impressionné et content quand vous croyez en Lui. Quand vous croyez que Dieu vous guérira, vous Le rendez heureux. Quand vous croyez que Dieu vous fera prospérer, vous L'émerveillez. Quand vous croyez que votre avancée est en vue, Dieu est très heureux de vous. Lorsque vous avez la foi que vous vivrez longtemps, Dieu est amené à prolonger votre vie. Quand vous croyez que Dieu vous fera croître et vous donnera l'abondance, vous touchez profondément El Shaddai. Vous Lui faites verser le lait de Ses bénédictions sur votre vie.

À partir d'aujourd'hui, ne doutez jamais en aucune partie de la Parole de Dieu. Acceptez le fait que vous êtes le champion dont Il parle. Suivez le message de la prospérité, de la guérison et de l'abondance. Rappelez-vous toujours que Dieu est heureux quand vous croyez en Lui.

Dieu n'est pas un Dieu de pauvreté. Depuis que je connais le Seigneur, je n'ai pas diminué. Je ne lis rien sur la diminution, l'échec, les revers et les limites de la Bible. Je ne vois que l'abondance, la promotion et la délivrance de mes ennemis. Je vois Dieu m'élever tous les jours ! Dieu ne vous a pas conduit au Christ pour vous rétrograder et vous faire honte. Il vous a conduit au Christ pour vous élever et vous établir dans une vie abondante. Jésus est venu pour que nous ayons la vie et la vie en abondance (Jean 10,10).

Jésus a béni ceux qui avaient la foi

Sous le ministère de Jésus, plusieurs personnes firent l'expérience de percées personnelles. Qui étaient-elles ? Et pourquoi ont-elles reçu ces miracles ?

Vous vous souvenez de ce que Jésus a dit à propos de la femme à la perte de sang. Quel fut le secret de sa percée ? Jésus donne la réponse dans Marc 5,34 :

...Ma fille, ta foi t'a sauvée...

Marc 5,34

L'aveugle Bartimée recouvra la vue miraculeusement. C'était un homme bruyant qui troublait le service. Mais Jésus Le remarqua et le guérit.

Quel était son secret ? Son secret était la foi en Dieu !

...ta foi t'a sauvé...

Marc 10,52

La femme pécheresse qui versa un flacon d'albâtre plein de parfum sur les pieds de Jésus reçut également un miracle de pardon. Jésus dit à la femme :

...Ta foi t'a sauvée, va en paix.

Luc 7,50

Rappelez-vous les dix lépreux qui furent guéris, mais un seul revint sur ses pas dire merci. Jésus lui dit ces mêmes paroles :

...Lève-toi, va; ta foi t'a sauvé.

Luc 17,19

Deux aveugles s'approchèrent de Jésus et lui demandèrent la miséricorde de Dieu. Jésus les toucha et les guérit. Que leur dit-Il ?

...Qu'il vous soit fait selon votre foi.

Matthieu 9,29

Avez-vous remarqué que Jésus n'a jamais dit : « Ton amour t'a guéri » ?

Jésus n'a jamais dit : « Ta sainteté t'a sauvé ».

Il n'a jamais dit : « Qu'il te soit fait selon ta patience ».

Pourquoi Jésus n'a-t-Il pas dit : « Ton bon caractère t'a sauvé » ?

S'il vous plaît ne vous méprenez pas ! Je ne dis pas que ces choses ne sont pas importantes ! Je dis que c'est la foi des gens qui a impressionné Jésus.

Jésus a souligné à maintes reprises que c'était leur *foi* qui avait conduit à leur percée. C'est pourquoi la Bible dit que sans la foi, il est impossible de plaire à Dieu.

Avez-vous jamais pensé à ces hommes qui passèrent par le toit d'une maison pour apporter leur ami paralysé au Christ ? C'étaient peut-être des voleurs expérimentés qui avaient l'habitude d'entrer chez les gens par infraction. C'étaient peut-être des hommes qui avaient l'habitude de se mettre en tête des files d'attente et de tromper les autres. Mais la Bible nous dit que Jésus remarqua leur foi et répondit immédiatement à leurs besoins.

VOYANT LEUR FOI, Jésus dit : Homme, tes péchés te sont pardonnés.

Luc 5,20

Jésus ne s'est pas attardé sur le mal qu'ils faisaient en ignorant la file d'attente ou en retirant les tuiles du toit de quelqu'un. **Il vit leur foi.** Jésus voit votre foi. Dieu voit votre foi. Il est temps de vous lever et de croire en la Parole de Dieu. Il vous sera fait selon votre foi !

Quand vous exercez la foi dans la prière, Dieu répond de la même façon que Jésus a répondu à ces hommes. **Il est très impressionné par votre prière.** Quand vous croyez que vous avez reçu, vous plaisez à Dieu ! Pour exercer la foi, vous devez croire que vous avez reçu ce pour quoi vous priez. Cela veut dire que vous n'aurez pas à répéter plusieurs fois la prière pour la même chose.

Supplier et pleurer n'est pas la même chose que de prier avec foi. Beaucoup de chrétiens se contentent de pleurer dans un esprit de désespoir. Dieu n'est pas contre les pleurs. Mais Il est contre les pleurs dépourvus de foi. Ayez confiance en Dieu, Il veut vous donner ce que votre cœur désire.

Recevez des réponses à vos prières en ce moment même, au nom de Jésus ! À partir d'aujourd'hui, vous devez croire que vous avez reçu ce que vous demandez.

10. *LA DIXIÈME ÉTAPE VERS LA PRIÈRE EXAUCÉE À CENT POUR CENT EST : LA PERSÉVÉRANCE.*

La persévérance dans la prière est un moyen sûr d'obtenir des résultats de prière à cent pour cent. Jésus a donné deux exemples frappants montrant comment la persévérance produit une prière exaucée à cent pour cent. Je veux que vous les lisiez attentivement.

Il leur dit encore : Si l'un de vous a un ami, et qu'il aille le trouver au milieu de la nuit pour lui dire : Ami, prête-moi trois pains, car un de mes amis est arrivé de voyage chez moi, et je n'ai rien à lui offrir,

Et si, de l'intérieur de sa maison, cet ami lui répond : Ne m'importune pas, la porte est déjà fermée, mes enfants et moi sommes au lit, je ne puis me lever pour te donner des pains,

Je vous le dis, même s'il ne se levait pas pour les lui donner parce que c'est son ami, il se lèverait À CAUSE DE SON IMPORTUNITÉ et lui donnerait tout ce dont il a besoin.

Luc 11,5-8

Jésus leur adressa une parabole, pour montrer qu'il faut toujours prier, et ne point se relâcher.

Il dit : Il y avait dans une ville un juge qui ne craignait point Dieu et qui n'avait d'égard pour personne.

Il y avait aussi dans cette ville une veuve qui venait lui dire : Fais-moi justice de ma partie adverse.

Pendant longtemps il refusa. Mais ensuite il dit en lui-même : Quoique je ne craigne point Dieu et que je n'aie d'égard pour personne, néanmoins, PARCE QUE CETTE VEUVE M'IMPORTUNE, je lui ferai justice, AFIN QU'ELLE NE VIENNE PAS SANS CESSE ME ROMPRE LA TÊTE.

Le Seigneur ajouta : Entendez ce que dit le juge inique. Et Dieu ne fera-t-il pas justice à ses élus, qui crient à lui jour et nuit, et tardera-t-il à leur égard ?

Je vous le dis, il leur fera promptement justice. Mais, quand le Fils de l'homme viendra, trouvera-t-il la foi sur la terre ?

Luc 18,1-8

Persévérer veut dire répéter ! Cela veut dire que vous irez inlassablement vers le Seigneur dans la prière. Cela veut dire que vous crierez sans honte vers le Seigneur jusqu'à ce qu'Il réponde. La persévérance produit des résultats, même dans la vie courante. Je reçois parfois un appel téléphonique, mais je suis incapable de répondre parce que je suis trop loin du téléphone. Quand je m'approche du téléphone, je me dis souvent : « Si seulement cet appelant persévérait, je répondrais au téléphone ». Parfois, au moment que j'arrive au téléphone, la personne a abandonné. Il y en a qui rappellent. Il y en a qui continuent d'appeler jusqu'à ce que je réponde.

Ce principe de persévérance apporte des résultats dans de nombreux domaines de la vie. Le principe de persévérance fonctionne aussi dans la prière. Ce n'est pas moi qui l'ai dit, c'est Jésus !

Jésus a dit très clairement que vous obtiendrez des résultats si vous priez et priez sans cesse ! La raison pour laquelle vous obtiendrez des résultats est que vous continuez de prier.

Quelqu'un peut demander : « Est-ce que le principe de persévérance ne contredit pas le principe de la foi ? Après tout, si vous utilisiez la clé de la foi, vous n'auriez pas besoin de prier plus d'une fois ! » Vous devez comprendre ici qu'il y a différentes façons d'exprimer la foi.

Prier une fois est une expression de foi.

Prier à plusieurs reprises sur le même sujet, avec la détermination de ne jamais s'arrêter jusqu'à obtenir une réponse, est aussi une autre expression de foi. Chacune de ces deux expressions de foi est valide. Chacune de ces deux expressions de foi apporte des résultats. Chacune de ces deux expressions de foi a été recommandée par Jésus. Chacune de ces deux expressions de foi peut amener Dieu à répondre à votre prière.

Beaucoup de chrétiens peuvent témoigner comment ils ont prié avec persévérance jusqu'à ce que Dieu réponde ! Il y en a aussi beaucoup d'autres qui ont de grands témoignages sur le fait de prier une seule fois et de recevoir des réponses. Jésus n'a pas enseigné un seul de ces styles de prière. **Il a enseigné les deux méthodes et a garanti des résultats à cent pour cent dans chaque cas.**

Vous pouvez comparer la foi et la persévérance au fait de tuer un chat de différentes façons. Vous pouvez le battre, le noyer, l'empoisonner, tirer dessus ou le décapiter. Toutes ces méthodes produiront un résultat à cent pour cent, un chat mort à cent pour cent ! Décidez aujourd'hui d'utiliser l'une de ces deux clés. Ces deux clés marchent à toute épreuve. Les prières de « foi » fonctionnent tout le temps. La persévérance fonctionne tout le temps. Dieu vous a donné deux méthodes assurées de recevoir une prière exaucée à cent pour cent.

11. LA ONZIÈME ÉTAPE VERS LA PRIÈRE EXAUCÉE À CENT POUR CENT EST : NE PRIEZ PAS DE TRAVERS.

Vous demandez, et vous ne recevez pas, parce que vous demandez mal...

Jacques 4,3

Malheureusement, beaucoup de chrétiens demandent à Dieu ce qu'Il ne peut pas leur donner. Dieu ne répond pas à des prières dites de travers. Prier de travers ou prier mal veut dire que vous dites des prières inacceptables, inappropriées, inadéquates, inadmissibles, irrecevables, insatisfaisantes et impossibles. Dieu ne fera rien qui soit contre Ses principes.

La foi est très différente de la folie. Beaucoup de chrétiens font preuve de sottise quand ils prient. Dieu n'est pas un imbécile. S'il vous plaît, n'essayer pas d'en faire un imbécile.

Le fait que vous soyez autorisé à exercer la foi ne veut pas dire que vous devriez être irrationnel. Quand Dieu ne tient pas compte de prières insensées, ne dites pas que la prière ne fonctionne pas. Ce sont vos prières insensées qui ne fonctionnent pas.

Si vous priez Dieu pour le mari de quelqu'un, vous dites une prière insensée. Certains jeunes hommes, qui débutent dans la vie, demandent au Seigneur de grandes maisons et des voitures incroyablement chères. Il est vrai que Dieu veut vous bénir, mais ne vous attendez pas à ce que Dieu vous promeuve du jour au lendemain. Lisez attentivement votre Bible. Tous ceux qui furent bénis en ont fait l'expérience sur une période de plusieurs années. Si vous êtes marié et n'utilisez pas de contraceptifs, s'il vous plaît ne liez pas les bébés dans le ventre de votre femme. Dieu ne répond pas à la folie.

Si vous avez un travail à faire et que vous ne le faites pas, ne priez pas pour que votre patron tombe malade.

Quand vous vieillissez, ne prenez pas la peine de prier pour le retour de votre jeunesse. Elle a disparu pour toujours. Vous ne pouvez pas revenir sur vos pas. Il y a un processus naturel de vieillissement que vous ne pouvez pas lier ou annuler !

Pourquoi prenez-vous la peine de demander à Dieu de vous donner un avion quand vous n'avez même pas de vélo ? Vous pourriez aussi bien Lui demander de faire de vous la reine d'Angleterre.

Si vous priez Dieu de vous aider à divorcer, vous priez de travers. Dieu ne veut pas que vous divorciez. Comment peut-Il vous aider à divorcer ?

Que l'homme donc ne sépare pas ce que Dieu a joint.

Marc 10,9

Dieu ne peut pas répondre quand vous priez de travers ! Vous pouvez vous divorcer par votre propre choix, mais ne priez pas de travers. Dieu ne brise pas les mariages, Il réunit les gens.

Vous devez comprendre qu'il y a des lois divines à l'œuvre dans l'univers. Il est inutile de prier pour des choses qui ne peuvent être effectuées selon les Écritures. Je ne parle pas des lois de votre pays. Je parle des lois de Dieu.

Personne sur cette terre ne peut échapper à la malédiction d'Adam.

C'EST À LA SUEUR DE TON VISAGE QUE TU MANGERAS DU PAIN, jusqu'à ce que tu retournes dans la terre, d'où tu as été pris ; car tu es poussière, et TU RETOURNERAS DANS LA POUSSIÈRE.

Genèse 3,19

Tous connaissent la sueur de cette vie. Tous retournent à la poussière. Tous iront un jour à la tombe. C'est juste une question de temps.

Qui qu'ils soient, tous doivent suer pour prospérer. Peu importe comment riches ils sont, ils retourneront à la terre. Il est inutile de prier contre cela. Vous ne pouvez pas prier pour prospérer sans travailler dur. Vous ne pouvez pas prier pour ne pas mourir. C'est illégal ! Jusqu'au retour de Jésus, vous et moi devons suivre le même chemin. De grands hommes tels que David savaient qu'il n'y avait pas moyen d'échapper à la mort.

David approchait du moment de sa mort, et il donna ses ordres à Salomon, son fils, en disant : JE M'EN VAIS PAR LE CHEMIN DE TOUTE LA TERRE.

1 Rois 2,1-2

Quel est le chemin de toute la terre ? C'est l'expérience inévitable de la mort par laquelle tous les humains doivent passer. Il ne sert à rien de la lier ou de l'annuler !

Vous ne ferez qu'être déçu par Dieu. Ne priez pas pour ne pas avoir à travailler dur. Travailler dur et suer sur la voie vers la prospérité est la façon légale pour nous tous de prospérer. Ce que vous devez faire plutôt est de prier pour que la sagesse réduise les effets de ces malédictions.

C'est la sagesse de la science médicale qui réduit le traumatisme de l'accouchement. Grâce à la sagesse de la science médicale, de nombreuses femmes ont connu peu de douleurs pendant l'accouchement. Beaucoup de femmes ont eu moins de peine à l'accouchement grâce à l'utilisation de la sagesse.

C'est la sagesse qui vient par l'éducation qui allège la charge des fils d'Adam. Tous les fils d'Adam devront travailler, mais certains travaux sont plus faciles que d'autres. Je préfèrerais être médecin plutôt que de nettoyer. Dans les deux cas, je passerais par le processus de transpiration pour gagner mon pain. Mais je vous assure que le travail de médecin est différent de celui d'un nettoyeur.

12. *LA DOUZIÈME ÉTAPE VERS LA PRIÈRE EXAUCÉE À CENT POUR CENT EST : PRIEZ SEULEMENT POUR CE QUE VOUS VOYEZ LE PÈRE FAIRE.*

Jésus reprit donc la parole, et leur dit : En vérité, en vérité, je vous le dis, le Fils ne peut rien faire de lui-même, il ne fait que CE QU'IL VOIT FAIRE AU PÈRE ; et tout ce que le Père fait, le Fils aussi le fait pareillement.

Jean 5,19

Si vous priez pour des choses pour lesquelles vous ne pouvez pas obtenir de réponse, vous ne ferez que miner votre confiance dans la prière. Si vous priez pour des choses que Dieu ne fait pas, Il ne vous répondra pas. Jésus évita de prier pour des choses que le Père ne faisait pas. « Nous avons auprès de lui cette assurance, que si nous demandons quelque chose SELON SA VOLONTÉ, il nous écoute » (1 Jean 5,14).

C'est encore une autre étape pour obtenir des réponses à cent pour cent à vos prières. Dieu nous a donné son Esprit pour nous conduire dans des situations spécifiques. Vous devez être conduit par Le Saint Esprit quand vous priez et vous devez prier selon Sa volonté. Beaucoup de pasteurs échouent dans leurs prières, parce que Dieu ne les conduit pas spécifiquement dans leurs prières.

Jésus visita un jour un hôpital. Il y avait là des multitudes de malades. Il pria cependant pour une seule personne.

Après cela, il y eut une fête des Juifs, et Jésus monta à Jérusalem. Or, à Jérusalem, près de la porte des brebis, il y a une piscine qui s'appelle en hébreu Béthesda, et qui a cinq portiques.

Sous ces portiques étaient couchés en grand nombre des malades, des aveugles, des boiteux, des paralytiques, qui attendaient le mouvement de l'eau ; car un ange descendait de temps en temps dans la piscine, et agitait l'eau ; et celui qui y descendait le premier après que l'eau avait été agitée était guéri, quelle que fût sa maladie. Là se trouvait un homme malade depuis trente-huit ans. Jésus, l'ayant vu couché, et sachant qu'il était malade depuis longtemps, lui dit : Veux-tu être guéri ? Le malade lui répondit : Seigneur, je n'ai personne pour me jeter dans la piscine quand l'eau est agitée, et, pendant que j'y vais, un autre descend avant moi. Lève-toi, lui dit Jésus, prends ton lit, et marche.

Jean 5,1-8

Pourquoi n'a-t-Il pas prié pour les centaines d'autres personnes qui avaient besoin d'aide ? Jésus utilisait ces mêmes étapes pour obtenir des résultats à cent pour cent. Il ne traita que les cas pour lesquels Il savait qu'Il obtiendrait des résultats positifs !

C'est peut-être la volonté de Dieu de guérir tout le monde. Les circonstances dans lesquelles tout le monde est tombé malade étaient peut-être différentes. Dans le plan de Dieu, ce n'était peut-être pas encore le temps de la manifestation de certaines guérisons.

Jésus savait qu'il était difficile de s'impliquer dans des choses que Dieu ne faisait pas. Jésus expliqua pourquoi Il pria pour un seul malade quand il y avait des centaines de personnes qui avaient besoin d'un miracle. Il dit : « je fais ce que je vois mon Père faire ». En d'autres termes, si ce n'est pas quelque chose dans lequel Dieu est activement et actuellement impliqué, je ne vais même pas prendre la peine de prier pour cela. Ce peut être légalement juste de faire quelque chose, mais il est très difficile de réussir dans quelque chose si Dieu n'y est pas actuellement. Si Jésus n'a pas dit de prière difficiles, pourquoi vous donneriez-vous cette peine ?

Jésus reprit donc la parole, et leur dit : En vérité, en vérité, je vous le dis, le Fils ne peut rien faire de lui-même, il ne fait que CE QU'IL VOIT FAIRE AU PÈRE ; et tout ce que le Père fait, le Fils aussi le fait pareillement.

Jean 5,19

Si vous n'utilisez pas ces principes, vous direz bientôt que Dieu ne répond pas à la prière. Cher ami, il est très possible de n'obtenir qu'un « *Oui* » de Dieu pour *toutes* vos demandes, si vous pouvez pratiquer avec diligence les étapes décrites dans ce livre. De toute évidence, Dieu devra dire « *Non* » quand vous Lui demanderez des choses qui Lui sont impossibles de faire.

Prenez par exemple Joab, chef de l'armée du roi David. Joab tua un innocent et David le maudit. Le roi David maudit la famille de Joab pour toujours. Il dit :

Que ce sang retombe sur Joab et sur toute la maison de son père ! Qu'il y ait toujours quelqu'un dans la maison de Joab, qui soit atteint d'un flux ou de la lèpre, ou qui s'appuie sur un bâton, ou qui tombe par l'épée, ou qui manque de pain !

2 Samuel 3,29

Si vous étudiez les détails de cette malédiction, vous découvrirez que la maladie devait faire constamment partie de la famille de Joab. Celui qui prierait pour la famille de Joab dirait une prière difficile. Ce serait difficile, mais pas impossible, que le Seigneur révoque la malédiction sur la famille de Joab. Cette malédiction est différente de la malédiction de Dieu sur Adam et Ève, parce qu'elle fut prononcée par un homme. La malédiction d'Adam fut prononcée par Dieu lui-même et a évidemment plus de poids.

Des membres de la famille de Joab étaient peut-être à l'hôpital que Jésus visita. C'est peut-être pour cela que Dieu ordonna à Jésus de prier pour une seule personne. Jésus expliqua que Dieu L'avait conduit à prier pour une seule personne. Peut-être que Dieu n'était pas prêt à annuler la malédiction sur la vie de certaines personnes. Dieu n'a peut-être pas de raison suffisante d'annuler une malédiction juridique sur certaines personnes et leurs familles.

...En vérité, en vérité, je vous le dis, le Fils ne peut rien faire de lui-même, il ne fait que ce qu'il voit faire au Père...

Jean 5,19

Laissez-vous conduire à chaque fois que vous priez. Priez pour ce que vous voyez le Père faire. Soyez conduit par l'Esprit quand vous priez. Ne vous précipitez pas dans des situations complexes en laissant échapper des prières impuissantes auxquelles Dieu ne répondra pas.